本书由
中央高校建设世界一流大学（学科）
和特色发展引导专项资金
资助

中南财经政法大学“双一流”建设文库

创｜新｜治｜理｜系｜列｜

民营化、业绩考核制度与企业创新

钟慧洁 著

中国财经出版传媒集团
中国财政经济出版社

图书在版编目（CIP）数据

民营化、业绩考核制度与企业创新 / 钟慧洁著 . --
北京：中国财政经济出版社，2019. 12
（中南财经政法大学“双一流”建设文库 . 创新治理系列）
ISBN 978 - 7 - 5095 - 9437 - 7

Ⅰ. ①民… Ⅱ. ①钟… Ⅲ. ①国有企业－企业改革－研究－中国 Ⅳ. ①F279. 241

中国版本图书馆 CIP 数据核字（2019）第 249792 号

责任编辑：武志庆　　　　　　责任校对：李　丽
封面设计：陈宇琰

民营化、业绩考核制度与企业创新

MINYINGHUA、YEJI KAOHE ZHIDU YU QIYE CHUANGXIN

中国财政经济出版社 出版

URL：http：//www. cfeph. cn
E - mail：cfeph @ cfemg. cn

社址：北京市海淀区阜成路甲 28 号　邮政编码：100142
营销中心电话：010 - 88191537
北京财经印刷厂印装　各地新华书店经销
787 × 1092 毫米　16 开　12. 25 印张　193 000 字
2019 年 12 月第 1 版　2019 年 12 月北京第 1 次印刷
定价：56. 00 元
ISBN 978 - 7 - 5095 - 9437 - 7
（图书出现印装问题，本社负责调换）
本社质量投诉电话：010 - 88190744
打击盗版举报热线：010 - 88191661　QQ：2242791300

总　序

“中南财经政法大学‘双一流’建设文库”是中南财经政法大学组织出版的系列学术丛书，是学校“双一流”建设的特色项目和重要学术成果的展现。

中南财经政法大学源起于1948年以邓小平为第一书记的中共中央中原局在挺进中原、解放全中国的革命烽烟中创建的中原大学。1953年，以中原大学财经学院、政法学院为基础，荟萃中南地区多所高等院校的财经、政法系科与学术精英，成立中南财经学院和中南政法学院。之后学校历经湖北大学、湖北财经专科学校、湖北财经学院、复建中南政法学院、中南财经大学的发展时期。2000年5月26日，同根同源的中南财经大学与中南政法学院合并组建“中南财经政法大学”，成为一所财经、政法“强强联合”的人文社科类高校。2005年，学校入选国家“211工程”重点建设高校；2011年，学校入选国家“985工程优势学科创新平台”项目重点建设高校；2017年，学校入选世界一流大学和一流学科（简称“双一流”）建设高校。70年来，中南财经政法大学与新中国同呼吸、共命运，奋勇投身于中华民族从自强独立走向民主富强的复兴征程，参与缔造了新中国高等财经、政法教育从创立到繁荣的学科历史。

“板凳要坐十年冷，文章不写一句空”，作为一所传承红色基因的人文社科大学，中南财经政法大学将范文澜和潘梓年等前贤们坚守的马克思主义革命学风和严谨务实的学术品格内化为学术文化基因。学校继承优良学术传统，深入推进师德师风建设，改革完善人才引育机制，营造风清气正的学术氛围，为人才辈出提供良好的学术环境。入选“双一流”建设高校，是党和国家对学校70年办学历史、办学成就和办学特色的充分认可。“中南大”人不忘初心，牢记使命，以立德树人为根本，以“中国特色、世界一流”为核心，坚持内涵发展，“双一流”建设取得显著进步：学科体系不断健全，人才体系初步成型，师资队伍不断壮大，研究水平和创新能力不断提高，现代大学治理体系不断完善，国际交流合作优化升级，综合实力和核心竞争力显著提升，为在2048年建校百年时，实现主干学科跻身世界一流学科行列的发展愿景打下了坚实根基。

“当代中国正经历着我国历史上最为广泛而深刻的社会变革，也正在进行着人类历史上最为宏大而独特的实践创新”，“这是一个需要理论而且一定能够产生理论的时代，这是一个需要思想而且一定能够产生思想的时代”①。坚持和发展中国特色社会主义，统筹推进“五位一体”总体布局和协调推进“四个全面”战略布局，实现“两个一百年”奋斗目标、实现中华民族伟大复兴的中国梦，需要构建中国特色哲学社会科学体系。市场经济就是法治经济，法学和经济学是哲学社会科学的重要支撑学科，是新时代构建中国特色哲学社会科学体系的着力点、着重点。法学与经济学交叉融合成为哲学社会科学创新发展的重要动力，也为塑造中国学术自主性提供了重大机遇。学校坚持财经政法融通的办学定位和学科学术发展战略，“双一流”建设以来，以“法与经济学科群”为引领，以构建中国特色法学和经济学学科、学术、话语体系为己任，立足新时代中国特色社会主义伟大实践，发掘中国传统经济思想、法律文化智慧，提炼中国经济发展与法治实践经验，推动马克思主义法学和经济学中国化、现代化、国际化，产出了一批高质量的研究成果，“中南财经政法大学‘双一流’建设文库”即为其中部分学术成果的展现。

文库首批遴选、出版二百余册专著，以区域发展、长江经济带、“一带一路”、创新治理、中国经济发展、贸易冲突、全球治理、数字经济、文化传承、生态文明等十个主题系列呈现，通过问题导向、概念共享，探寻中华文明生生不息的内在复杂性与合理性，阐释新时代中国经济、法治成就与自信，展望人类命运共同体构建过程中所呈现的新生态体系，为解决全球经济、法治问题提供创新性思路和方案，进一步促进财经政法融合发展、范式更新。本文库的著者有德高望重的学科开拓者、奠基人，有风华正茂的学术带头人和领军人物，亦有崭露头角的青年一代，老中青学者秉持家国情怀，述学立论、建言献策，彰显“中南大”经世济民的学术底蕴和薪火相传的人才体系。放眼未来、走向世界，我们以习近平新时代中国特色社会主义思想为指导，砥砺前行，凝心聚

---

① 习近平：《在哲学社会科学工作座谈会上的讲话》，2016年5月17日。

力推进“双一流”加快建设、特色建设、高质量建设，开创“中南学派”，以中国理论、中国实践引领法学和经济学研究的国际前沿，为世界经济发展、法治建设做出卓越贡献。为此，我们将积极回应社会发展出现的新问题、新趋势，不断推出新的主题系列，以增强文库的开放性和丰富性。

“中南财经政法大学‘双一流’建设文库”的出版工作是一个系统工程，它的推进得到相关学院和出版单位的鼎力支持，学者们精益求精、数易其稿，付出极大辛劳。在此，我们向所有作者以及参与编纂工作的同志们致以诚挚的谢意！

因时间所囿，不妥之处还恳请广大读者和同行包涵、指正！

中南财经政法大学校长

前　言

改革开放以来，中国政府以渐进的方式对国有企业进行改革（林毅夫，2008），从20世纪70年代的放权让利、80年代的“利改税”、到90年代的“抓大放小”以及“国退民进”等，围绕公司治理和高管激励，国有企业不断进行改革，在这些改革举措中，国有企业的产权改革贯穿始终，一直是学术界探讨和争论的热点。

党的十六大明确提出“积极发展混合所有制”，并在十八届三中全会中审议通过的《中共中央关于全面深化改革若干重大问题的决定》重申发展混合所有制经济的重要意义。不难看出，在今后一段时间，发展混合所有制是国有企业改革的重点，而国企产权改革似乎又以一种新的形态重新进入了中国体制改革的议事日程（陈林和唐杨柳，2014）。

产权改革中争议较大的是民营化问题，关于国有企业是否需要进行民营化改革的问题存在两种对立的观点。一种观点认为，只有民营化才能彻底解决国有企业效率问题（杨小凯，1997；张维迎，2007；张五常，2014）。另一种观点则认为，民营化不仅不能解决国企现存问题，国有企业因所有权和经营权分离而产生的激励不相容、信息不对称，以及因政策性负担导致的预算软约束，即便民营化也不能避免（林毅夫等，1997；Lin et al.，1998），甚至造成更严重的国有资产流失问题（朱红军等，2007；白云霞和吴联生，2008）。

现有文献从不同的角度对以上两种观点提供了部分证据。一方面，有文献证明国企民营化有利于提高国有企业效率（胡一帆等，2006；余明桂等，2013；李文贵和余明桂，2015；Ho et al.，2003；Jefferson et al.，2005；Dong et al.，2006），另一方面，也有部分文献证明，剥离政策性负担可以缓解国有企业问题（龚强和徐朝阳，2008；龚强等，2015），而民营化，尤其是改变国企产权性质的完全民营化也可能存在负面的经济后果（汤谷良和戴璐，2006；朱红军等，2007；钟昀珈等，2016；Chen et al.，2006）。目前，两种观点孰是孰非尚未达成一致。

本书拟从创新的视角为产权改革的争议提供新的解释。支持民营化的观点一般是从高管激励角度予以解释，即国有企业股东很难对经理人实行有效的激励和监督，所以高管在经营决策中容易产生道德风险和机会主义行为。完全民营化后，国有企业的控制权和现金流权转移到民营企业或者私人手中，新的股东以企业价值最大化为目标，更可能建立有效的公司治理，加强对管理层的监管和激励，制定有效的薪酬契约。基于以上观点，笔者选择两类国企改革事件进行研究：一类是完全民营化，比较直接地为澄清民营化的争议提供新的视角；另一类是不涉及产权改革的业绩考核制度的修订，业绩考核制度关乎高管的薪酬水平和晋升，相对于民营化，业绩考核制度是直接针对高管的监督和激励机制，如果业绩考核制度能够促进企业创新，那么我们有理由认为，民营化不是解决国有企业效率问题的唯一途径。

鉴于国有高管任职时间较短，而从研发到形成创新成果需要较长的时间，国企高管可能更青睐于采用并购的方式快速获得创新成果，因此，笔者除了检验业绩考核制度对企业创新水平的直接影响外，还检验了业绩考核制度的修订能否激励央企高管并购创新成果较多的企业以及并购完成后是否继续支持目标公司进行创新，从而深入剖析这种不涉及产权改革的高管激励机制发挥作用的一种途径。

综上，本书主要检验了三个问题。第一，完全民营化对企业创新的影响，从创新的角度为澄清民营化的争议提供新的解释。第二，作为国企高管激励机制的业绩考核制度是否能够促进企业创新，从而证明即使不进行民营化的产权改革，直接改革高管激励机制就可以提高企业效率。第三，业绩考核制度是否激励高管并购创新水平较高的目标公司并在并购完成后进一步支持目标公司的创新，从而检验业绩考核制度促进企业创新的外部途径，深入剖析业绩考核制度的作用机制。

本书的主要结论如下：

第一，国有企业完全民营化显著抑制了企业创新，而融资约束是抑制民营化企业创新的重要因素。进一步检验发现，融资约束对民营化企业创新的抑制作用主要存在于金融发展水平较低的地区，而在金融发展水平较高的地区，这种抑制作用并不明显。这项结果表明，在信贷歧视尚未解决、金融环境尚未明显改善的情况下进行完全民营化，不仅不能提高企业效率，反而很有可能导致相反的结果。

第二，相对于不受影响的民营企业来说，央企的创新水平在新修订的《中央企业负责人经营业绩考核暂行办法》（以下简称《考核办法》）实施后显著提高。而且，此次修订的考核办法可以显著提高创新对企业价值的边际贡献。这些结果意味着，国有企业即使不进行民营化的产权改革，仅仅通过改变高管的激励机制，也可以提高企业效率。因此，民营化很可能并不是解决国有企业效率问题的唯一途径。

第三，在《考核办法》实施后，央企更倾向于并购创新成果较多的企业，而且，并购完成后，目标公司并购后与并购前的专利水平差异也显著高于《考核办法》实施前。这项结果说明，《考核办法》作为薪酬激励和晋升激励双重机制，能够激励高管通过并购这条途径提高企业创新水平。另外，央企本身的创新水平较低时、业绩考核指标 EVA 水平和国有资产保值增值率较低时以及高管在任时间较长时，高管更倾向于并购创新型企业，不仅快速获得了目标公司已有的创新成果，也进一步发挥目标公司的创新能力来提高央企的创新水平。

以上结果表明，以民营化来改革国有企业是有条件的，即在信贷歧视尚未解决、金融环境尚未明显改善的情况下进行完全民营化，不仅不能提高企业效率，反而很有可能导致相反的结果。而作为高管激励机制的业绩考核制度仅仅变更一个考核指标就能够引导高管提高企业创新水平，这意味着民营化不是提高国有企业效率的充要条件，也许当前阶段应该搁置民营化的争议，优先改革国有企业的高管激励机制。

本书的理论意义主要体现在三个方面：

第一，从完全民营化角度拓展和丰富企业创新相关研究。现有文献主要从管理层所有权集中度（Francis and Smith，1995）、机构投资者持股（温军和冯根福，2012；Aghion et al.，2013）、国企控股（江诗松等，2011；董晓庆等，2014）等研究股权性质对企业创新的影响。但是，鲜有文献研究国有企业民营化这种企业性质的改变对创新的影响。我们研究企业性质由国有变更为民营的完全民营化对企业创新的影响，丰富和拓展了企业性质影响创新的相关研究。

第二，有助于从激励机制视角丰富和拓展企业创新影响因素的相关研究。现有研究主要从现金薪酬（刘运国等，2007；唐清泉和甄丽明，2009；Lerner and Wulf，2007）、股权激励（李春涛和宋敏，2010；Wu and Tu，2007；Jia et al.，2016）、薪酬与股票收益波动的敏感性（卢锐，2014；Coles et al.，2006）等薪酬结构角度研究激励机制对创新的影响。但是，鲜有文献研究考核方式是否以及如何影响企业创新。我们采用双重差分模型检验业绩考核制度的变化对企业创新的影响，可以从激励机制视角丰富和拓展企业创新的相关研究。

第三，有助于从业绩考核制度角度丰富和拓展并购创新型企业的影响因素的相关研究。企业可以通过并购创新能力较强的企业或者已经具有创新成果的企业来提高自身的创新水平。目前，大量文献从企业边界和企业组织形式角度研究并购创新型企业的动因。Aghion and Tirole（1994）研究最优的创新组织结构，发现建立独立的研究部门能够提高创新效率。随后，大量文献证明，由于存在代理问题和信息不对称，以及各部门之间的资源竞争，大企业和多元化企业难以激励高管进行高风险项目（Brusco and Panunzi，2005；Rajan et al.，2000；Rotemberg and Saloner，1994；Scharfstein and Stein，2000），因此，大企业和多元化企业更好地创新策略是并购创新能力强的小企业，而不是内部创新。但是，鲜有文献研究作为激励机制的业绩考核制度是否是并购创新型企业的动因之一。我们以双重差分法研究业绩考核制度的修订对并购与创新的影响，从业绩考核制度角度丰富和拓展并购创新型企业的影响因素的相关研究。

本书的实践意义主要体现在三个方面：

第一，有助于在理论上澄清有关民营化的争议。如前文所述，民营化是否能够提高国有企业效率存在两种对立的观点。本书以企业创新为例，为澄清这项争议提供直接证据。进一步地，我们以央企为研究对象，来检验针对高管的业绩考核制度对企业创新的作用及经济后果。研究结果发现，在不改变国有企业所有权性质的情况下，仅仅改变国企高管的激励机制，就可以显著提高企业的创新水平和企业价值。这些结果意味着，产权民营化不是提高国有企业效率的充要条件。因此，我们的研究有助于澄清有关民营化产权改革的争议，并为进一步深化国企改革、提高国企效率提供理论依据和政策参考。

第二，有助于为进一步深化国企改革、提高国企效率提供理论依据和政策参考。2015 年国有企业营业总收入为 48.06 万亿元，约占全年 GDP 总额的 75.6%；缴税 3.79 万亿元，约占国家总税收的 31.8%。2015 年我国共有 100 家企业上榜《财富》世界 500 强，其中国有企业 91 家。总体来说，国有企业在国家经济发展中占据重要地位。但是，所有者缺位、政策性负担等因素导致国有企业存在严重的代理问题，不利于企业价值的提升（林毅夫等，2004；陈冬华等，2005；辛清泉等，2007；马连福等，2013；王曾等，2014；陈仕华和卢昌崇，2014）。因此，国有企业改革对中国经济健康发展具有重要意义。本书以国有企业为研究对象，分析民营化以及作为高管激励机制的业绩考核制度对企业创新的影响及其经济后果，有助于为进一步深化国有企业改革、提高国企效率提供理论依据和政策参考。

第三，习近平总书记2018年11月1日在民营企业座谈会上的讲话中特别强调了民营经济的重要性，并提出要多方面支持民营企业发展，特别是要提高金融对民营企业的支持力度。本书从国有企业民营化影响企业创新的视角证明了缓解民营企业的融资约束和提高金融发展水平对促进民营企业创新能力的重要意义。因此，本书的研究为解决民营企业融资难、融资贵的问题提供了理论依据和政策参考。

摘要

在国有企业改革进程中，是否进行民营化改革一直存在争议。一种观点认为，只有民营化才能彻底解决国有企业效率问题。另一种观点则认为，民营化不仅不能解决国企现存问题，国有企业因所有权和经营权分离而产生的激励不相容、信息不对称，即便民营化也不能避免，甚至造成更严重的国有资产流失问题。目前，两种观点究竟孰是孰非尚未达成一致。

本书拟从创新的视角为澄清民营化的产权改革的争议提供新的解释。本书拟回答两个问题，第一，民营化究竟能不能促进企业创新，第二，不进行民营化国有企业能否促进企业创新。

针对提出的两个问题，笔者拟研究两种改革方式，一种是民营化的产权改革方式，一种是不涉及产权的改革方式，从而为民营化的争议提供新的视角。因此，笔者选择两类国企改革事件进行研究，一类是民营化，比较直接地为澄清民营化的争议提供新的视角；另一类是不涉及产权改革的国企高管激励机制，如果国企高管的激励机制能够发挥作用，那么我们有理由认为，国有企业即使不进行民营化的产权改革，仅仅通过完善国企高管的激励机制，也可以提高企业效率。

对于第一类改革，本书研究完全民营化对企业创新的影响。根据前文提出的民营化争议，民营化是否能够促进企业创新是一个难以判断的问题。一方面，完全民营化企业中的民营控股股东以企业价值最大化为目标，更可能建立有效的公司治理，加强对管理层的监管和激励，制订有效的薪酬契约，从而促进企业创新。如果完全民营化促进企业创新，那么本书能够为支持民营化的观点提供新的解释。但是，完全民营化后，企业与政府的利益关系基本被切断，企业不再为政府承担社会负担，政府也无须为企业提供资金优惠，这就容易导致企业在民营化后资金优势大大减弱，甚至受到融资约束，而创新需要大量的资金进行长期的投入来维持，因此，完全民营化也可能抑制企业创新。如果完全民营化抑制企业创新，那么本书为反对民营化的观点提供新的解释，说明冒然进行民营化不仅不能提高企业效率，而且很有可能导致相反的结果。

对于第二类改革，本书研究业绩考核制度的修订对企业创新的影响。业绩考核制度是国资委颁布的《中央企业负责人经营业绩考核暂行办法》，是直接针对央企高管的监督和激励机制，对央企高管的薪酬确定和职务晋升具有重要作用。该制度于2007年、2010年、2013年和2016年分别进行了修订，本书研究的是2010年修订的业绩考核制度，本次修订不涉及企业产权的变动，而是加入EVA考核指标，并鼓励高管提高企业创新水平，如果业绩考核制度能够促进企业创新，说明国有企业即使不进行民营化的产权改革，仅仅通过完善国企高管的激励机制，也可以提高企业效率。

鉴于国有高管任职时间较短，而从研发到形成创新成果需要较长的时间，国企高管可能更青睐于采用并购的方式快速获得创新成果，因此，在检验业绩考核制度对创新的影响时，除了检验业绩考核制度对企业创新水平的直接影响外，本书还检验了业绩考核制度的修订能否激励央企高管并购创新成果较多的企业以及并购完成后是否继续支持目标公司进行创新，从而深入剖析这种不涉及产权改革的高管激励机制发挥作用的另一种途径。

综上，本书主要检验了三个问题。第一，完全民营化对企业创新的影响，从创新的角度为澄清民营化的争议提供新的解释。第二，作为国企高管激励机制的业绩考核制度是否能够促进企业创新，从而证明即使不进行民营化的产权改革，直接改革高管激励机制就可以提高企业效率。第三，业绩考核制度是否激励高管并购创新水平较高的目标公司并在并购完成后进一步支持目标公司的创新，从而检验业绩考核制度促进企业创新的外部途径。

本书主要分为七章：第1章是绪论，介绍本书的研究背景、研究意义、研究思路与方法等。第2章是文献综述，根据第1章的研究问题，本章对企业创新、民营化、高管激励、并购这4个方面的文献进行综述，并归纳总结各类文章的研究空白。第3章是理论基础，本书详细阐述了委托代理理论、激励理论以及创新理论，并论述这些理论与本书研究问题的关系。第4章、第5章和第6章是针对本书三个研究问题的实证检验。第7章是研究结论及政策建议。

本书的主要结论如下：

第一，国有企业完全民营化显著抑制了企业创新，而融资约束是抑制民营化企业创新的重要因素。进一步检验发现，融资约束对民营化企业创新的抑制作用主要存在于金融发展水平较低的地区，而在金融发展水平较高的地区，这种抑制作用并不明显。这项结果表明，在信贷歧视尚未解决、金融环境尚未明显改善的情况下进行完全民营化，不仅不能提高企业效率，反而很有可能导致相反的结果。

第二，相对于不受影响的民营企业来说，央企的创新水平在新修订的《中央企业负责人经营业绩考核暂行办法》实施后显著提高。而且，此次修订的考核办法可以显著提高创新对企业价值的边际贡献。这些结果意味着，国有企业即使不进行民营化的产权改革，仅仅通过改变高管的激励机制，也可以提高企业效率。因此，民营化很可能并不是解决国有企业效率问题的唯一途径。

第三，在《考核办法》实施后，央企更倾向于并购创新成果较多的企业，而且，并购完成后，目标公司并购后与并购前的专利水平差异也显著高于《考核办法》实施前。这项结果说明，《考核办法》作为薪酬激励和晋升激励双重机制，能够激励高管通过并购这条途径提高企业创新水平。另外，央企本身的创新水平较低时、业绩考核指标 EVA 水平和国有资产保值增值率较低时以及高管在任时间较长时，高管更倾向于并购创新型企业，不仅快速获得了目标公司已有的创新成果，也进一步发挥目标公司的创新能力来提高央企的创新水平。

以上结果表明，以民营化来改革国有企业是有条件的，即在信贷歧视尚未解决、金融环境尚未明显改善的情况下进行完全民营化，不仅不能提高企业效率，反而很有可能导致相反的结果。而作为高管激励机制的业绩考核制度仅仅变更一个考核指标就能够引导高管提高企业创新水平，这意味着民营化不是提高国有企业效率的充要条件，也许当前阶段应该搁置民营化的争议，优先改革国有企业的高管激励机制。

目 录

第1章　绪　　论

1.1　研究背景与意义

1.1.1　研究背景

改革开放以来，中国政府以渐进的方式对国有企业进行改革（林毅夫，2008），从20世纪70年代的放权让利、80年代的“利改税”到90年代的“抓大放小”以及“国退民进”等，围绕公司治理和高管激励，国有企业不断进行改革，在这些改革举措中，国有企业的产权改革贯穿始终，一直是学术界探讨和争论的热点。

党的十六大明确提出“积极发展混合所有制”，并在十八届三中全会中审议通过的《中共中央关于全面深化改革若干重大问题的决定》重申发展混合所有制经济的重要意义。不难看出，在今后一段时间，发展混合所有制是国有企业改革的重点，而国企产权改革似乎又以一种新的形态重新进入了中国体制改革的议事日程（陈林和唐杨柳，2014）。

产权改革中争议较大的是民营化问题，关于国有企业是否需要进行民营化改革的问题存在两种对立的观点。一种观点认为，只有民营化才能彻底解决国有企业效率问题（杨小凯，1997；张维迎，2007；张五常，2014）。另一种观点则认为，民营化不仅不能解决国企现存问题，国有企业因所有权和经营权分离而产生的激励不相容、信息不对称，以及因政策性负担导致的预算软约束，即便民营化也不能避免（林毅夫等，1997；Lin et al.，1998），甚至造成更严重的国有资产流失问题（朱红军等，2007；白云霞和吴联生，2008）。

现有文献从不同的角度对以上两种观点提供了部分证据。一方面，有文献证明国企民营化有利于提高国有企业效率（胡一帆等，2006；余明桂等，2013；李文贵和余明桂，2015；Ho et al.，2003；Jefferson et al.，2005；Dong et al.，2006），另一方面，也有部分文献证明，剥离政策性负担可以缓解国有企业问题（龚强和徐朝阳，2008；龚强等，2015），而民营化，尤其是改变国企产权性质的完全民营化也可能存在负面的经济后果（汤谷良和戴璐，2006；朱红军等，2007；钟昀珈等，2016；Chen et al.，2006）。目前，两种观点孰是孰非尚未达成一致。

本书拟从创新的视角为澄清产权改革的争议提供新的解释。本书拟回答两个问题，第一，民营化究竟能不能促进企业创新，第二，不进行民营化国有企业能否促进企业创新。

针对提出的两个问题，笔者拟研究两种改革方式，一种是民营化的产权改革方式，一种是不涉及产权的改革方式，从而为民营化的争议提供新的视角。因此，笔者选择两类国企改革事件进行研究，一类是民营化，比较直接地为澄清民营化的争议提供新的视角；另一类是不涉及产权改革的国企高管激励机制，如果国企高管的激励机制能够发挥作用，那么我们有理由认为，国有企业即使不进行民营化的产权改革，仅仅通过完善国企高管的激励机制，也可以提高企业效率。

对于第一类改革，本书研究完全民营化对企业创新的影响。根据前文提出的民营化争议，民营化是否能够促进企业创新是一个难以判断的问题。一方面，完全民营化企业中的民营控股股东以企业价值最大化为目标，更可能建立有效的公司治理，加强对管理层的监管和激励，制订有效的薪酬契约，从而促进企业创新。如果完全民营化促进企业创新，那么本书能够为支持民营化的观点提供新的解释。但是，完全民营化后，企业与政府的利益关系基本被切断，企业不再为政府承担社会负担，政府也无须为企业提供资金优惠，这就容易导致企业在民营化后资金优势大大减弱，甚至受到融资约束，而创新需要大量的资金进行长期的投入来维持，因此，完全民营化也可能抑制企业创新。如果完全民营化抑制企业创新，那么本书为反对民营化的观点提供新的解释，说明冒然进行民营化不仅不能提高企业效率，而且很有可能导致相反的结果。

对于第二类改革，本书研究业绩考核制度的修订对企业创新的影响。业绩考核制度是国资委颁布的《中央企业负责人经营业绩考核暂行办法》，是直接针对央企高管的监督和激励机制，对央企高管的薪酬确定和职务晋升具有重要作用。该制度于2007年、2010年、2013年、2016年和2019年分别进行了修订，本书研究的是2010年修订的业绩考核制度，本次修订不涉及企业产权的变动，而是加入EVA考核指标，并鼓励高管提高企业创新水平，如果业绩考核制度能够促进企业创新，说明国有企业即使不进行民营化的产权改革，仅仅通过完善国企高管的激励机制，也可以提高企业效率。

鉴于国有高管任职时间较短，而从研发到形成创新成果需要较长的时间，国企高管可能更青睐于采用并购的方式快速获得创新成果，因此，在检验业绩考核制度对创新的影响时，除了检验业绩考核制度对企业创新水平的直接影响外，本书还检验了业绩考核制度的修订能否激励央企高管并购创新成果较多的企业以及并购完成后是否继续支持目标公司进行创新，从而深入剖析这种不涉及产权改革的高管激励机制发挥作用的另一种途径。

综上，本书主要检验了三个问题。第一，完全民营化对企业创新的影响，从创新的角度为澄清民营化的争议提供新的解释。第二，作为国企高管激励机制的业绩考核制度是否能够促进企业创新，从而证明即使不进行民营化的产权改革，直接改革高管激励机制就可以提高企业效率。第三，业绩考核制度是否激励高管并购创新水平较高的目标公司并在并购完成后进一步支持目标公司的创新，从而检验业绩考核制度促进企业创新的外部途径。

图1-1为本书的研究逻辑图。

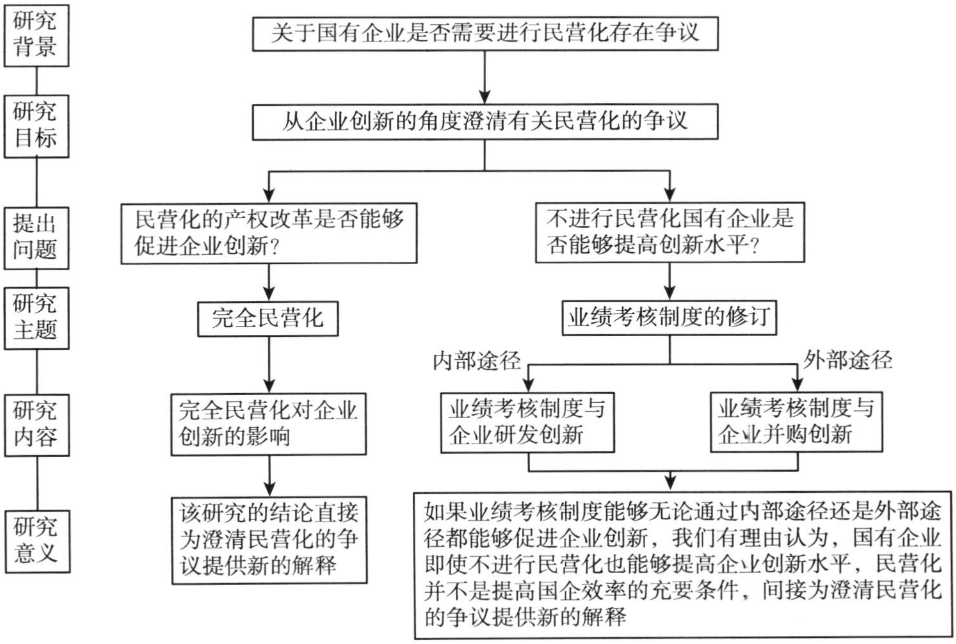

图1-1 研究逻辑图

1.1.2 研究意义

1.1.2.1 理论意义

第一，从完全民营化角度拓展和丰富企业创新相关研究。现有文献主要从管理层所有权集中度（Francis and Smith，1995）、机构投资者持股（温军和冯根福，2012；Aghion el at，2013）、国企控股（江诗松等，2011；董晓庆等，2014）等研究股权性质对企业创新的影响。但是，鲜有文献研究国有企业民营化这种企业性质的改变对创新的影响。目前仅有李文贵和余明桂（2015）以及 Tan et al.（2015）研究民营化对企业创新的影响。李文贵和余明桂（2015）认为，国有企业没有进行创新的动力，通过民营化降低国有股权比例、提高非国有股权比例可以提高企业创新能力，而且，外资股权、法人股权、个人股权所占的比例越高，民营化企业创新能力越强。Tan et al.（2015）认为，中国推行的股权分置改革将国有企业非流通股转化为流通股，是国有企业民营化的一种方式，因此，Tan et al.（2015）以股权分置改革作为外生事件，研究民营化对企业创新的影响，并发现民营化显著促进了企业技术创新。但是，李文贵和余明桂（2015）以及 Tan et al.（2015）没有区分部分民营化和完全民营化，部分民营化企业没有完全摆脱政府的干预，依然存在预算软约束，可以较容易地获得贷款和政府补贴，相反，完全民营化后的企业大股东由政府或者国有企业变更为民营企业或者个人，政府干预降到最小，缓解了代理问题，但不能享受政府给予的优惠（Sun and Tong，2003），所以，这两类企业存在显著差异，应分别进行研究。因此，本书研究企业性质由国有变更为民营的完全民营化对企业创新的影响，丰富和拓展了企业性质影响创新的相关研究。

第二，有助于从激励机制视角丰富和拓展企业创新影响因素的相关研究。现有研究主要从现金薪酬（刘运国等，2007；唐清泉和甄丽明，2009；Lerner and Wulf，2007）、股权激励（李春涛和宋敏，2010；Wu and Tu，2007；Jia et al.，2016）、薪酬与股票收益波动的敏感性（卢锐，2014；Coles et al.，2006）等薪酬结构角度研究激励机制对创新的影响。但是，鲜有文献研究考核方式是否以及如何影响企业创新。本书采用双重差分模型检验业绩考核制度的变化对企业创新的影响，可以从激励机制视角丰富和拓展企业创新的相关研究。

第三，有助于丰富和拓展并购创新型企业的动机研究。企业并购创新能力较强的目标公司，可能存在两种相反的动机。一种是协同增效动机。企业可以通过并购获得目标公司的新技术，同时，企业并购创新能力较强的目标公司，有利于扩展企业的研发边界，提升现有研发项目的技术水平（Sevilir and Tian，2012；Phillips and Zhdanov，2013，Bena and Li，2014）。另一种是市场竞争动机。Cunningham et al.（2019）以医药行业为样本发现，在行业中有一定垄断利润的企业往往会并购那些拥有创新项目的初创企业，并在并购完成后终止其创新项目，从而保证自身已有盈利项目的利润。在这种动机下，企业进行并购是为了减少竞争对手，维持企业的竞争能力。本书研究发现，业绩考核制度能够激励央企高管选择创新能力较强的企业进行并购，且在并购完成后继续支持其创新项目，支持了第一种动机。因此，本书从业绩考核制度角度丰富和拓展并购创新型企业的动机研究。

第四，有助于丰富和拓展企业如何选择创新策略的相关研究。企业创新的策略有两种，一是进行研发投资自主创新，一是并购一些创新能力较强的企业或者已经具有创新成果的企业来提高自身的创新水平。已有文献主要从企业边界和企业组织形式方面研究企业如何选择创新策略。由于存在代理问题和信息不对称，以及部门资源的重分配和收益共享，在大企业和多元化企业中难以激励高管进行高风险项目（Brusco and Panunzi，2005），将研发转移到企业边界之外，即建立独立的研究部门、并购创新能力强的小企业是更好地创新策略，而不是通过研发自主创新（Aghion and Tirole，1994；Seru，2014）。本书研究发现，当央企创新水平较低、高管任期较长、短期业绩考核指标较低时，他们会选择并购这条快速获得创新的方式来提高业绩，从而丰富和拓展企业如何选择创新策略的相关研究。

1.1.2.2　实际意义

第一，本书的研究有助于在理论上澄清有关民营化的争议。如前文所述，民营化是否能够提高国有企业效率存在两种对立的观点。本书以企业创新为例，为澄清这项争议提供直接证据。进一步地，本书以央企为研究对象，来检验针对高管的业绩考核制度对企业创新的作用及经济后果。研究结果发现，在不改变国有企业所有权性质的情况下，仅仅改变国企高管的激励机制，就可以显著提高企业的创新水平和企业价值。这些结果意味着，产权民营化不是提高国有企业效率的充要条件。因此，本书的研究有助于澄清有关民营化产权改革的争议，并为进一步深化国企改革、提高国企效率提供理论依据和政策参考。

第二，有助于为进一步深化国企改革、提高国企效率提供理论依据和政策参考。2016 年国有企业营业总收入约为 46 万亿元，约占全年 GDP 总额的 61.8%；缴税 3.8 万亿元，约占国家总税收的 30%。2015 年我国共有 100 家企业上榜《财富》世界 500 强，其中国有企业 91 家。总体来说，国有企业在国家经济发展中占据重要地位。但是，所有者缺位、政策性负担等因素导致国有企业存在严重的代理问题，不利于企业价值的提升（林毅夫等，2004；陈冬华等，2005；辛清泉等，2007；马连福等，2013；王曾等，2014；陈仕华和卢昌崇，2014）。因此，国有企业改革对中国经济健康发展具有重要意义。本书以国有企业为研究对象，分析民营化以及作为高管激励机制的业绩考核制度对企业创新的影响及其经济后果，有助于为进一步深化国有企业改革、提高国企效率提供理论依据和政策参考。

第三，习近平总书记 2018 年 11 月 1 日在民营企业座谈会上的讲话中特别强调了民营经济的重要性，并提出要多方面支持民营企业发展，特别是要提高金融对民营企业的支持力度。本书从国有企业民营化影响企业创新的视角证明了缓解民营企业的融资约束和提高金融发展水平对促进民营企业创新能力的重要意义。因此，本书的研究为解决民营企业融资难、融资贵的问题提供了理论依据和政策参考。

1.2 研究思路与方法

1.2.1 研究思路

本书主要研究民营化和业绩考核制度对企业创新的影响，研究的基本思路如下：

（1）提出研究问题。国有企业产权改革一直是国企改革的重点。通过对理论和文献的综述掌握民营化、高管激励与企业创新的研究动态，笔者发现我国有关民营化的研究主要集中于企业绩效方面，研究民营化对企业创新的文献较少。现有关于民营化对企业创新的文章有 Tan et al.（2015）和钟昀珈等（2016）两篇，而这两篇文章得出了相反的结论。也就是说，民营化对企业创新的影响目前还没有定论。鉴于这方面的研究不足，并考虑到国有企业产权改革争议尚未解决的现实需要，笔者提出本书的研究问题，即对民营化与企业创新进行研究。同时，为了更好地澄清关于产权改革的争议，笔者进一步选择作为高管激励机制的业绩考核制度进行研究，如果业绩考核制度能够促进企业创新，那么笔者有理由认为，产权改革也许不是必要的。最后，由于国企高管任期较短，并购可能是快速促进企业创新途径之一，所以笔者进一步检验了业绩考核制度对企业并购创新型企业的影响，从而深入分析业绩考核制度促进企业创新的途径。

（2）构建理论假设。针对民营化与企业创新的问题，从理论上来说，民营化对企业创新可能具有正反两方面的作用。一方面，民营化降低了政府对企业的政治干预，减少了企业的政策性负担，缓解了国有企业的代理问题，使企业更有动力完善公司治理机制，从而提高企业的风险承担能力和创新积极性（余明桂等，2013；李文贵和余明桂，2015；Boubakri et al.，2013）。另一方面，创新具有失败率高、耗费时间长等特点，需要大量的资金来维持长期的投入（解维敏和方红星，2011；唐清泉和巫岑，2015；Hall，2002；Hottenrott and Peters，2012）。同时，创新过程具有高度的信息不对称，价值评估的难度大，因此，创新产出难以作为抵押品获得银行信贷，创新活动的融资成本较高（鞠晓生等，2013；卢馨等，2013；Hall，2002；Brown et al.，2009）。所以，如果民营化后企业的资源优势减弱，融资受限，企业的创新活动也会受到限制。基于以上分析，笔者提出对立假设，即民营化可能促进企业创新，也可能抑制企业创新。

针对业绩考核制度与企业创新的问题，从理论上分析，业绩考核制度可能能够促进企业创新。第一，央企高管的特殊性。央企高管是“经理人”也是“政治人”，相应地，薪酬激励和晋升激励是激励高管提高企业绩效的两种激励机制（陈信元等，2009；杨瑞龙等，2013；王曾，2014；Gibbons and Murphy，1992）。因此，无论是为获得更多的薪酬，还是为了保住职位并得到政治晋升，高管都会重视主管部门的考核评价，从而保证《考核办法》激励作用的可行性。第二，业绩考核的特殊性。一方面，业绩考核采用的 EVA 指标在净利润的基础上扣除股权资本成本，有利于减少不良资产对资本的占用，提高总体资产的价值创造能力（Lehn and Makhija，1997；Kleiman，1999）。另一方面，EVA 将净利润中扣除的研发费用全部加回，解决了高管对于研发投资导致业绩骤降的顾虑，缓解了高管的短视行为（池国华等，2015）。基于以上原因，笔者预期业绩考核制度能够促进企业技术创新。

针对业绩考核制度与并购创新型企业的问题，从理论上分析，新的业绩考核制度实施后，无论是从个人收益还是职业生涯角度考虑，高管都有动机提高企业创新水平。不过，国有企业高管的任期较短，而创新从研发投入到产生成果需要较长的时间，并购已经具有创新成果或者具有较高创新能力的公司，是国有企业高管快速提高企业创新水平的最优策略。因此，笔者预期新的业绩考核制度实施后，国企高管更倾向于并购具有创新成果的公司。

（3）进行实证检验。本书主要采用了双重差分法（Difference in Differences，简称 DID）检验民营化、业绩考核制度对企业创新的影响。这种方法可以很好地识别民营化和业绩考核制度的影响，缓解内生性问题。

（4）评价实证检验结果，提出政策建议。基于民营化、业绩考核制度对企业创新的影响的实证检验结果，总结研究结论并提出相应的政策建议。

1.2.2 研究方法

（1）理论分析方面，本书主要采用了文献梳理和规范研究的方法。根据本书的研究思路，笔者对企业创新、民营化、激励机制和并购相关文献进行了归纳梳理，发现民营化、业绩考核与创新相关文献研究中存在的不足。本书以委托代理理论、激励理论和创新理论为基础，规范分析了民营化、业绩考核与企业创新的内在机理。

（2）实证研究方面，本书主要采用了 DID 的方法。DID 是以受事件影响的样本为实验组，以不受事件影响的样本为对照组，检验事件的真实影响。双重差分法是缓解反向因果、遗漏变量等内生性问题的常用方法，根据事件发生时间是否固定可以分为普通 DID 和动态 DID。在研究民营化与企业创新时，由于各企业民营化发生时间不一致，本书采用的是动态 DID 的方法；而在研究业绩考核制度与企业创新时，事件发生在 2010 年 1 月 1 日，是个固定的事件，因此采用的是普通 DID 的方法。然后参照 DID 相关文献，进行了一系列稳健性检验，如倾向匹配（PSM）、安慰剂检验（Placebo）等。

1.3 研究内容

具体来说，笔者研究以下3个问题：第一，民营化如何影响企业创新以及影响机制是什么；第二，业绩考核制度如何影响创新；第三，业绩考核制度是否通过并购提高创新水平。

针对第一个问题，民营化对企业创新可能具有正反两方面的作用。一方面，民营化降低了政府对企业的政治干预，减少了企业的政策性负担，缓解了国有企业的代理问题，使企业更有动力完善公司治理机制，从而提高企业的风险承担能力和创新积极性（余明桂等，2013；李文贵和余明桂，2015；Boubakri et al.，2013）。另一方面，创新具有失败率高、耗费时间长等特点，需要大量的资金来维持长期的投入（解维敏和方红星，2011；唐清泉和巫岑，2015；Hall，2002；Hottenrott and Peters，2012）。同时，创新过程具有高度的信息不对称，价值评估的难度大，因此，创新产出难以作为抵押品获得银行信贷，创新活动的融资成本较高（鞠晓生等，2013；卢馨等，2013；Hall，2002；Brown et al.，2009）。所以，如果民营化后企业的资源优势减弱，融资受限，企业的创新活动也会受到限制。

目前尚未有文献从融资约束视角研究民营化的影响，本书将重点关注国有企业民营化后融资约束对企业创新的影响。如前文所述，民营化后，企业不再承担政策性负担，政府与企业的联系被切断，资源优势减弱，融资可能受到限制，影响企业创新活动。进一步地，如果融资约束抑制了民营化企业的创新，那么本书研究地区金融发展能否缓解民营化企业融资约束。

针对第二个问题，理论上分析，业绩考核制度可能能够促进企业创新。第一，央企高管的特殊性。央企高管是“经理人”也是“政治人”，相应地，薪酬激励和晋升激励是激励高管提高企业绩效的两种激励机制（陈信元等，2009；杨瑞龙等，2013；王曾，2014；Gibbons and Murphy，1992）。因此，无论是为获得更多的薪酬，还是为了保住职位并得到政治晋升，高管都会重视主管部门的考核评价，从而保证《考核办法》激励作用的可行性。第二，业绩考核的特殊性。一方面，业绩考核采用的EVA指标在净利润的基础上扣除股权资本成本，有利于减少不良资产对资本的占用，提高总体资产的价值创造能力（Lehn and Makhija，1997；Kleiman，1999）。另一方面，EVA 将净利润中扣除的研发费用全部加回，解决了高管对于研发投资导致业绩骤降的顾虑，缓解了高管的短视行为（池国华等，2015）。基于以上原因，笔者预期业绩考核制度能够促进企业技术创新。

针对第三个问题，提高企业创新水平的途径主要有内部研发和外部并购两种，内部研发主要体现在研发支出所占的比重，目前，大量文献以研发支出作为企业创新的代理变量研究企业创新（李汇东等，2013；鲁桐和党印，2014；唐清泉和巫岑，2015），本书在研究第三个问题时也会使用这项指标，检验内部研发这项途径。因此，针对第四个问题，本书重点研究外部并购这种方式。

本书在进行实证研究时，将这三个问题分为三个章节进行实证检验。第一个实证章节检验民营化对企业创新的影响，具体来说，本书研究完全民营化对企业创新的影响，如果检验发现民营化抑制了企业创新，本书进一步检验融资约束机制，以及金融发展能否缓解融资约束对民营化企业创新的不利影响。

第二个实证章节检验业绩考核制度对企业创新的影响及经济后果。具体来说，本书研究 2010 年实施的业绩考核制度，与 2007 年实施的业绩考核制度相比，新的制度将年度考核指标中的净资产收益率指标替换为 EVA，并鼓励高管提高企业创新水平。如果笔者能够证明这项制度的实施促进了企业创新并提高了企业价值，则说明作为高管激励机制的业绩考核制度能够发挥作用。

第三个实证章节检验业绩考核制度对并购与创新的影响，包括了是否激励高管并购具有更多创新成果的公司、是否激励高管在并购完成后继续支持目标公司创新、以及何种企业特征、高管特征会影响激励机制对并购与创新的影响等。

业绩考核制度不涉及企业的产权变化，而仅仅是针对高管的激励机制。第二和第三个实证如果能够证明业绩考核制度可以促进企业创新，则意味着国有企业即使不进行民营化的产权改革，仅仅通过改变高管的激励机制，就可以提高国有企业效率。

图 1 - 2 是本书结构图。

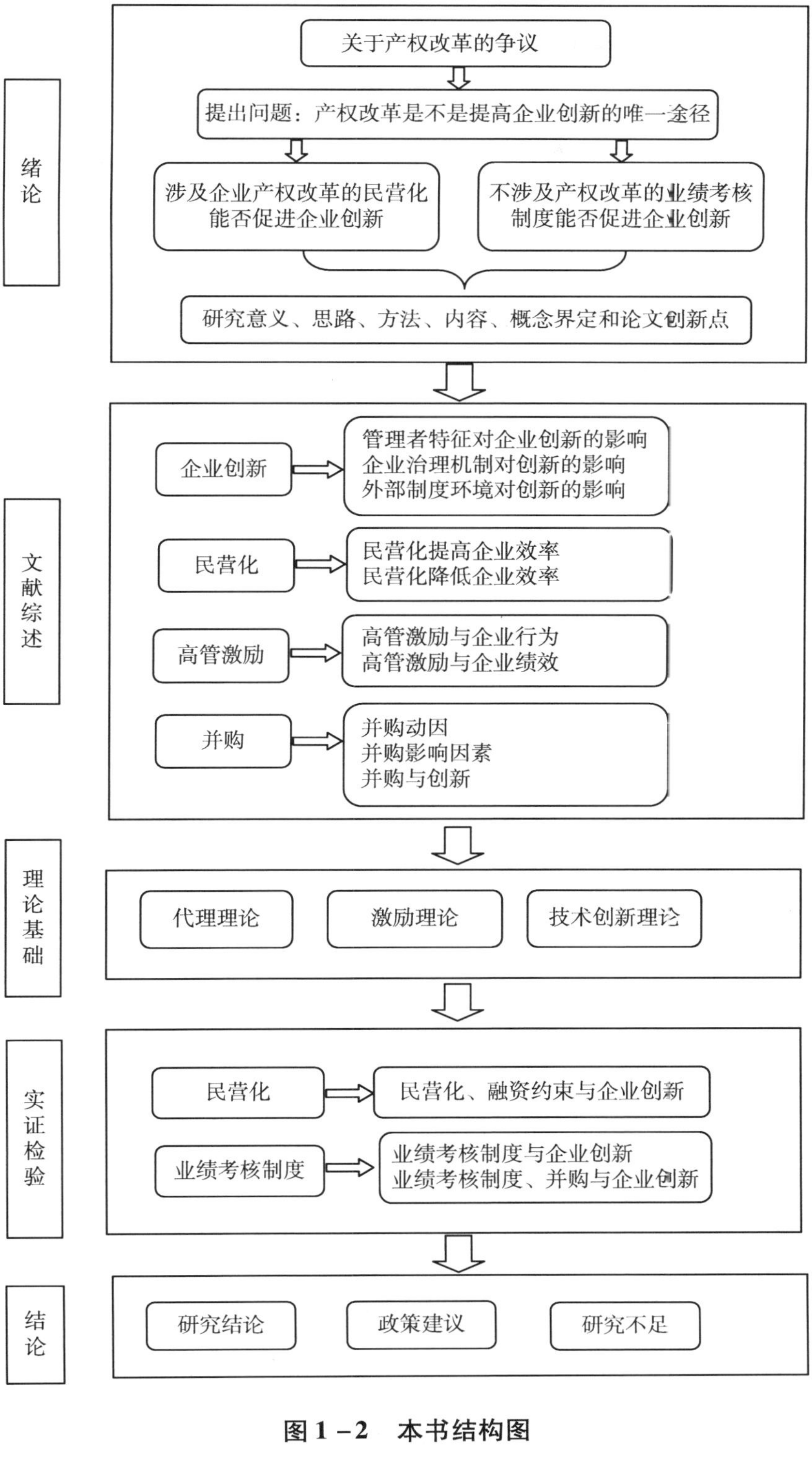
绪论
关于产权改革的争议
提出问题：产权改革是不是提高企业创新的唯一途径
涉及企业产权改革的民营化能否促进企业创新
不涉及产权改革的业绩考核制度能否促进企业创新
研究意义、思路、方法、内容、概念界定和论文创新点
文献综述
企业创新
管理者特征对企业创新的影响
企业治理机制对创新的影响
外部制度环境对创新的影响
民营化
民营化提高企业效率
民营化降低企业效率
高管激励
高管激励与企业行为
高管激励与企业绩效
并购
并购动因
并购影响因素
并购与创新
理论基础
代理理论
激励理论
技术创新理论
实证检验
民营化
民营化、融资约束与企业创新
业绩考核制度
业绩考核制度与企业创新
业绩考核制度、并购与企业创新
结论
研究结论
政策建议
研究不足

图1-2 本书结构图

1.4 概念界定

1.4.1 企业创新

熊彼特（1990）将创新定义为“新组合”，即创新通过将原始生产要素重新排列组合形成的新的生产方式，从而提高生产效率、降低劳动成本的一个经济过程，包括引进新产品、引进新技术、开辟新市场、开发利用新资源以及采用新的体制和管理方式。本书仅以技术创新作为研究对象，技术创新是指与新产品的制造、新工艺的使用或者设备首次应用相关的技术、设计、制造以及商业活动（柳卸林，2014）。

关于企业创新的代理变量，现有文献主要采用以下四种方式：新产品产值（彭向和蒋传海，2011；林炜，2013；肖文和林高榜，2014；李文贵和余明桂，2015；杨洋等，2015）、专利总量（付明卫等，2015；袁建国等，2015；Hsu et al.，2014；Jia et al.，2016）、研发支出（李汇东等，2013；鲁桐和党印，2014；唐清泉和巫岑，2015）和无形资产增量（鞠晓生等，2013）。本书主要使用新产品产值和专利作为技术创新的代理变量。

1.4.2 民营化

民营化是指政府将其控制的国有企业或国有企业的股权出售给个人或民营经济主体（Megginson and Netter，2001）。根据企业的控制权是否发生转移，民营化可分为完全民营化和部分民营化。完全民营化是指在国有企业出售给个人或者民营企业股权后，个人或者民营企业成为控股股东，企业性质由国有转变为民营的形式。部分民营化是指在国有企业出售给个人或者民营企业股权后，中央国资委或者地方国资委依然处于控股地位，企业性质不发生改变的民营化形式。部分民营化与完全民营化存在显著差异，前者没有完全摆脱政府的干预，可以较容易的获得贷款和政府补贴，而后者的所有权由国有性质变更为民营性质，虽然降低了政府干预程度，但同时失去了可能享受的政府优惠政策（Sun and Tong，2003），并有可能受到信贷歧视（李广子和刘力，2009）。因此，本书重点研究可能存在融资约束的完全民营化，如果完全民营化抑制企业创新，本书将进一步检验融资约束机制在其中的作用。

1.4.3　业绩考核制度

为推进和指导国有企业的改革和重组，国务院于 2003 年成立国有资产管理委员会，一方面对国有资产保值增值情况进行监管，另一方面通过法定程序对企业负责人进行任免、考核和奖惩。从 2004 年开始，国资委推行年度考核和任期考核相结合的经营业绩考核体系，颁布了《中央企业负责人经营业绩考核暂行办法》对央企负责人实施奖惩。这项办法以利润总额和净资产收益率作为年度指标，以国有资本保值增值率和主营业务收入增长率作为任期指标进行考核，并将考核结果划分 5 个等级，作为央企高管薪酬认定和职务任免的重要依据。同时，国资委确定每 3 年一个任期，每个任期初颁布新的《考核办法》以引导企业负责人完成国资委新的目标和任务[①]。本书研究的是 2009 年颁布的《考核办法》（国资委第 22 号令，2010 年 1 月 1 日起实施），此次颁布的《考核办法》将年度考核指标中的净资产收益率变更为经济增加值（EVA），旨在引导企业加强自主创新、管控风险，转变发展方式，实现可持续发展。

1.5　创新与不足

1.5.1　本书主要创新点

（1）从创新角度拓展和丰富民营化的经济后果的相关研究。在民营化文献中，研究较多的是民营化是否影响企业绩效（Megginson et al.，1994；Boubakri

① 国资委设定的国企高管的第一任期（2004—2006）主要解决建制度、上轨道问题；第二任期（2007—2009）主要是上台阶、上水平；第三任期（2010—2012）主要是国际化、市场化；第四阶段主要是做强做优、提高国际影响力。

and Cosset，1998；Gupta，2005），还有部分文献研究民营化对企业经营效率（Frydman et al.，1999；Sun and Tong，2003）、企业成长性（D'Souza et al.，2014）、企业风险承担（余明桂等，2013；Boubakri et al.，2013）、就业（La Porta and López - De - Silanes，1997）等方面的影响。但是，鲜有文献从企业创新的视角研究民营化的经济后果。因此，本书研究国有企业民营化对企业创新的直接影响，可以从创新视角丰富和拓展民营化经济后果的相关研究。

（2）从完全民营化的角度拓展了民营化影响创新的相关研究。现有文献中，Tan et al.（2015）和钟昀珈等（2016）以上市公司为研究样本，检验民营化对企业创新的影响，但没有得到一致的结论，而且，两篇文章也没有区分部分民营化和完全民营化，但是，部分民营化与完全民营化存在显著差异，前者没有完全摆脱政府的干预，可以较容易的获得贷款和政府补贴，而后者的所有权由国有性质变更为民营性质，虽然降低了政府干预程度，但同时失去了可能享受的政府优惠政策（Sun and Tong，2003），并有可能受到信贷歧视（李广子和刘力，2009）。因此，在研究民营化，尤其是从对资金敏感的创新角度研究民营化时，应区分完全民营化和部分民营化。本书主要研究完全民营化对企业创新的影响，并检验融资约束机制在其中的作用，从而在完全民营化角度拓展了民营化影响创新的相关研究。

（3）从业绩考核制度视角拓展激励机制影响企业创新的相关研究。已有研究主要从现金薪酬、股票期权、限制性股票、薪酬与股票收益波动的敏感性（Vega）等薪酬结构角度研究激励机制对创新的影响（李春涛和宋敏，2010；梁彤缨等，2015；Ryan and Wiggins，2002；Coles et al.，2006）。但鲜有文献从业绩考核机制的视角研究激励机制对企业创新的影响。本书以《考核办法》的第二次修订为切入点，研究央企高管因业绩考核机制变迁引起的创新决策行为的变动，证明了业绩考核机制对企业高管具有创新激励作用。

（4）从创新视角丰富和拓展了业绩考核制度的相关研究。已有文献对业绩考核制度的研究，主要集中于央企业绩考核制度中EVA指标对高管行为的影响。如张先治和李琦（2012）研究发现EVA能够抑制央企的过度投资行为。Shen et al.（2015）检验得出，EVA对企业投资效率的改善使央企现金持有价值得以提升。但目前鲜有文献研究EVA指标对高管进行研发和创新决策的影响。本书结果表明，与其他指标相比，EVA指标对研发失败有更高的容忍度，可以激励高管增加研发和创新活动，有助于企业创新水平的提升。该结论从企业创新角度为业绩考核制度中 EVA 的作用提供新的解释。

（5）从业绩考核制度角度丰富和拓展并购创新型企业的影响因素的相关研究。企业可以通过并购创新能力较强的企业或者已经具有创新成果的企业来提高自身的创新水平。目前，大量文献从企业边界和企业组织形式角度研究并购创新型企业的动因。Aghion and Tirole（1994）研究最优的创新组织结构，发现建立独立的研究部门是能够提高创新效率。随后，大量文献证明，由于存在代理问题和信息不对称，以及各部门之间的资源竞争，大企业和多元化企业难以激励高管进行高风险项目（Brusco and Panunzi，2005；Rajan et al.，2000；Rotemberg and Saloner，1994；Scharfstein and Stein，2000），因此，大企业和多元化企业更好地创新策略是并购创新能力强的小企业，而不是内部创新。但是，鲜有文献研究作为激励机制的业绩考核制度是否是并购创新型企业的动因之一。笔者以双重差分法研究业绩考核制度的修订对并购与创新的影响，从业绩考核制度角度丰富和拓展并购创新型企业的影响因素的相关研究。

（6）澄清有关民营化的争议。如前文所述，民营化是否能够提高国有企业效率存在两种对立的观点。笔者以企业创新为例，为澄清这项争议提供直接证据。进一步地，本文以央企为研究对象，来检验针对高管的业绩考核制度对企业创新的作用及经济后果。研究结果发现，在不改变国有企业所有权性质的情况下，仅仅改变国企高管的激励机制，就可以显著提高企业的创新水平和企业价值。这些结果意味着，产权民营化不是提高国有企业效率的充要条件。因此，本书的研究有助于澄清有关民营化产权改革的争议，并为进一步深化国企改革、提高国企效率提供理论依据和政策参考。

1.5.2 研究不足

（1）本书在研究完全民营化对企业创新的影响时，在得出完全民营化抑制企业创新的结论后，仅仅检验了融资约束这一种机制，可能存在另外两种重要影响机制：第一种机制是技术人员的流失。技术人员的薪酬福利和工作环境是企业吸引和保留技术人才的重要方式（贺伟和龙立荣，2011），而国有企业的工资水平显著高于民营企业（张车伟和薛欣欣，2008；陆正飞等，2012），这使国有企业更能吸引大量的技术人才流入。民营化后，企业获取外部资源的优势逐渐丧失，技术人员的薪酬福利可能会有所降低，同时，民营化过程中还伴随着大量的裁员，这就导致技术人员离职或被解雇，从而大大降低企业的创新能力。

第二种机制是高管的风险规避。民营化后政府对企业的干预减少，企业的控制权可能转移到管理层手中，尤其对于以管理层收购和员工收购来完成民营化的企业。这类企业在民营化后管理层通常不会有太大变动（武常岐和韩煦，2011；Wright et al.，1993），而且管理层权力较大，容易形成内部人控制问题。此时，治理结构中的监管机制很难发挥作用。民营化企业的管理层很可能出于更安全的追求私有权收益的原因，放弃高风险但净现值为正的投资项目（Join et al.，2008），创新具有不确定性强、失败率高、耗费时间长等特点，基于风险规避的动机，民营化企业高管可能会放弃高风险的创新项目。

但是，在研究民营化与企业创新时，本书采用的是工业企业数据库，工业企业数据库的一个较严重的问题是企业指标不全，这两种机制，即人员流失机制和高管风险规避机制由于数据缺失，不能进行检验。

（2）融资约束的衡量。已有较多文献研究融资约束的衡量，但是由于本书选择的样本是非上市企业，很多计算融资约束的指标不存在或不披露，本书仅采用 SA 指数和资产负债率衡量融资约束。

（3）本书采用双重差分法检验业绩考核制度对企业创新的影响，虽然这种方法可以缓解内生性问题，但是还是存在两个问题：第一，业绩考核制度修订是发生在 2010 年的事件，这一年还发生了一些其他事件，如董事制度的改革等，笔者很难将这些事件的影响剥离出来。第二，本书选择民营企业作为对照组，虽然也进行了一系列稳健性检验，如安慰剂检验、PSM 检验等，但民营企业与央企在企业特征、企业运营目标等方面存在差异，这种差异无法彻底消除。

（4）本书仅仅研究了业绩考核机制这种非产权改革方式对企业创新的影响，实际上，我国关于非产权改革方式的国有企业改革还有很多，尤其是近年来，随着国企改革的不断深化，政府颁布了一系列的改革措施，如 2014 年 7 月，国务院国资委公布“四项改革试点”，即国有资本投资公司、混合所有制经济、董事会职权、派驻纪检组，标志着国企改革迈出了实质性步伐，从政策制定进入试点实施阶段。2016 年 2 月，国务院国企领导小组决定开展第二批“十项改革试点”，包括中央企业兼并重组、员工持股、薪酬分配差异化、市场化选聘经营管理者等，较之前范围更加宽泛，内容更加明确，以期通过试点以点带面，有序推进改革，并特别强调“因地制宜、一企一策”。而关于这些国有企业改革的措施有没有较好的落实以及落实的效果如何，有待进一步研究。

第2章　文献综述

本书的研究主要与企业创新、民营化、高管激励和并购这四类文献紧密相关。因此，这里笔者主要分析这四类文献的研究现状。

2.1　企业创新影响因素的研究现状与分析

自熊彼特建立创新理论以来，技术创新是经济发展的基本驱动因素这一观点得到广泛认同。在企业层面，技术创新为企业提供竞争优势、对企业价值的提升乃至生存和发展都至关重要（Solow，1957；Hölmstrom，1989；Hall et al.，2005；Eisdorfer and Hsu，2011；Chemmanur et al.，2015；Bettina et al.，2016；Hombert and Matray，2018）。因此，学者们试图从不同方面对企业创新的影响因素进行了系统研究。下面笔者将这些文献简要归纳为管理者特征、公司治理机制、公司融资结构、外部制度环境四个方面。

第一，管理者特征与企业创新。

管理者是企业创新活动的直接决策主体，他们的决策行为受到个人特征的显著影响。由于环境的不确定性、信息的不完全性以及个体能力有限性的存在，管理者的各种特征，例如过度自信、性格和风险偏好等都会影响企业决策（Kahneman and Tversky，1979）。Hirshleifer et al.（2012）发现管理者过度自信的企业会从事更多的创新活动，并且这种效应主要集中在创新密集型行业。通过因子分析将多个高管团队特征变量组合成为高管质量（人力资本）的代理变量，Chemmanur et al.（2015）发现高质量的高管团队进行更多的研发投资，创新产出的质量、数量以及效率也较高。作者为了缓解反向因果的内生性问题，以越南战争军事法案准许研究生延期入伍这一事件为依据设置工具变量，以高管团队中越南战争期间至1968年获得学历的人数作为高管团队的工具变量，也得到了一致结论。Faurel et al.（2015）以商标作为产品开发创新的代理变量，采用1993—2011年商标数据进行研究，发现CEO薪酬的期权部分、薪酬业绩敏感性、未认购期权与商标数量呈正比。说明高管的风险承担激励是企业产品开发创新的影响因素之一。虞义华等（2018）基于手工整理的发明数据发现，董事长和总经理的发明家经历对于企业创新具有显著促进作用，他们能通过提供专业知识、减轻短视等机制提高研发投入和创新产出。赵子夜等（2018）发现通才型的董事长和总经理显著提高了企业的研发投入和专利产出。

第二，公司治理机制与企业创新。

首先，企业反收购机制。Becker - Blease（2011）研究了公司治理机制对企业创新行为的影响，发现企业创新和GIM指数之间呈正相关关系。但是Becker - Blease（2011）的分析很难识别两者之间的因果关系。为解决这个问题，Chemmanur and Tian（2013）采用断点回归（RDD）的方法和工具变量法识别ATPs和企业创新之间的因果关系。他们发现较多的反收购规定（ATPs）产生较多的创新。通过进一步的检验，他们还发现ATPs对信息不对称问题较严重、产品市场竞争较激烈的企业的创新的促进作用更显著，ATPs对创新较困难的行业产生的积极影响也更显著。Sena et al.（2018）发现董事会独立性有利于缓解腐败对企业创新的不利影响。

其次，高管激励机制。（1）现金薪酬激励。李春涛和宋敏（2010）利用世界银行在中国制造业企业的调查数据发现，CEO的薪酬激励能促进企业进行创新。Coles et al.（2006）发现高管薪酬与股票收益波动的敏感性（Vega）强的企业倾向于风险较大的投资决策，较多投资于研发、较少投资于厂房设备，企业具有较高杠杆率。Chen（2010）认为当期望薪酬下降真实薪酬上升时，薪酬激励对研发投资有显著促进作用。卢锐（2014）认为事前的高水平薪酬可以促进公司高管从事创新投资，高管薪酬业绩敏感性可以约束高管在创新投资事后的机会主义行为。孔东民等（2018）基于锦标赛理论研究企业内部薪酬差距对企业创新的影响，发现企业内部薪酬差距显著促进创新。（2）股权激励。该部分文献较多但结论不统一：部分研究认为股权激励降低代理成本，促使高管倾向于进行研发等风险较大的投资（王燕妮，2011；田轩和孟青扬，2018；Coles et al.，2006；Sanders and Hambrick，2007）；还有部分文献认为股权激励与研发投资呈倒U形关系，当高管持股达到一定程度会产生风险规避的倾向，从而减少研发投资，增加厂房设备等资本性支出（Wu and Tu，2007；唐清泉等，2011）。另外，Ryan and Wiggins（2002）对高管持股进行了区分，发现股票期权与研发投资是正相关关系，但限制性股票对研发投资是负相关关系。（3）晋升激励与企业创新。Jia et al.（2016）采用 1992—2012 年的数据研究非 CEO 晋升锦标赛激励对企业创新的影响，通过以 CEO 与非 CEO 薪酬差异作为晋升锦标赛激励的代理变量，发现晋升锦标赛激励对企业创新数量、创新质量、创新效率、创新重要性和新颖性都有正向的显著影响。进一步发现，这种影响的可能渠道是人力资本（吸引有才智的高管）和董事会干预的减少。

最后，其他治理因素。还有一些文献从内部人控制、股权结构、机构投资所有权、企业风险投资、企业政治关联、企业社会责任、董事会特征等角度分析对企业创新的影响（陈爽英等，2010；黄俊和陈新元，2011；严成樑，2012；温军和冯根福，2012；李文贵和余明桂，2015；Francis and Smith，1995；Lerner，2000；Aghion et al.，2013；Cook et al.，2015；Chen et al.，2015；Di Guardo et al.，2015；Rin and Fabiana，2015；Bernstein，2015；Gao and Jia，2015；Bostan，2016；Jiang and Yuan，2018）。

第三，公司融资结构与企业创新。

现有文献主要从企业资金实力、外商投资、融资偏好、期权交易、金融衍生品等方面研究企业融资结构对创新的影响。如 Bettina et al.（2016）认为影响企业研发投入、创新产出的最直接因素是企业资金实力，资金实力雄厚的企业内部资金充足、信用等级也较高，因此研发成本较低。同时，产品创新和流程创新成果转化为利润过程中也要消耗大量的资本（职工雇用、培训等），因此资金雄厚的企业研发投入更多、创新水平更高、创新成果对企业生产率和利润的贡献更大。王红领等（2006）研究发现，外商直接投资（FDI）企业与内资企业在同一市场相互竞争，内资企业为了在竞争中不处于劣势，必然增加研发创新，从而提高企业的技术水平。类似的，Ayyagari et al.（2012）运用 47 个新兴经济体中 19000 个公司数据研究发现，引入外部融资的企业创新能力更强。Herrera and Minetti（2007）认为，有长期信贷关系的企业创新能力较强，这种影响在产品创新中更显著。同时 Atanassov et al.（2007）认为更偏好于股权融资的企业创新较强，偏好于银行借款的企业创新较弱。Blanco and David（2015）采用 1996—2004 年美国上市公司数据研究金融衍生品对创新的影响，发现有更多期权交易的企业获得了更多的专利和专利引用。这主要是由于具有更多金融衍生品交易的企业倾向于更富有创造性、多样性、高风险的创新战略，而且期权缓解了高管的短视行为。Chava et al.（2015）采用断点回归的方法，发现当企业违反金融契约时，企业研发投入会有明显下降，进一步分析发现，该结果主要存在于研发效率较低的企业，在研发效率较高的企业没有显著结果。Chang et al.（2019）研究信用违约掉期（CDS）对企业创新的影响，发现 CDS 有利于提高企业创新。

另外，企业的银行信贷强度、融资约束程度、财务状况、金融化程度、现金流不确定性等也会显著影响企业创新（刘波等，2017；王红建等，2017；张璇等，2017；周开国等，2017；王永钦等，2018；徐飞，2019；王玉泽等，2019）

第四，外部制度环境与企业创新。

首先，在法律保护方面，Levine et al.（2015）研究法律体系对外部投资者的保护是否影响企业技术创新。通过采用 1976—2006 年 94 个经济体的行业—国家—年度数据，以创新强度、创新范围、影响力、普遍性和原创性五种指标衡量企业创新，发现反内部交易法激励了企业创新。这种关系在创新型行业和不透明行业更显著。Acharya et al.（2010）发现严厉的劳动法（包括解雇法）使企业对员工创新失败具有更强的容忍度，从而激励员工追求增值性的创新活动，并且这种影响在创新密集型行业更显著。Acharya et al.（2014）进一步发现员工权益保护特别是对员工价值观多样性的保护能刺激员工的创新效率。通过采用全球创新指数作为国家创新水平的代理变量，Boudreaux（2016）发现法律体系的建立、货币的健全、自由贸易促进国家创新水平的提高。此外，基于债权人利益保护的研究也发现信贷供给和破产规则中的债权人保护方式亦能影响企业的创新行为（Acharya and Subramanian，2009；Amore et al.，2013）。在知识产权保护方面，潘越等（2015）、吴超鹏和唐菂（2016）；潘越等（2016）、Fang et al.（2017）等发现地方司法保护、专利诉讼和产权执法力度对企业创新均有显著影响。

其次，在金融市场发展方面，金融市场的发展对一个国家的创新至关重要，因为它可以缓解道德风险和逆向选择等问题、减少交易成本，为企业长期高风险项目提供准确信息，进而促进企业的创新活动（Schumpeters，1911）。解维敏和方红星（2011）认为银行业市场化改革的推进、地区金融发展积极地推动中国上市公司的 R&D 投入，但政府干预弱化了金融发展对企业 R&D 投入的积极影响。然而，Robinson（1952）等多数文献却认为“企业先行、金融随后”。为了识别金融发展和企业创新之间的因果关系，Hsu et al.（2014）利用丰富的跨国数据，采取固定效应并控制可能的遗漏变量和反向因果关系，检验金融影响创新的特殊经济机制，为金融市场发展如何影响经济发展的研究提供新的视角。相反，贾俊生（2017）则发现信贷市场的发展对创新有显著的促进作用，但资本市场融资功能的不完善弱化了这种积极作用。此外，现有文献认为，金融自由化、银行业的竞争、交易机制、金融摩擦等也会影响企业的创新（权小锋等，2017；He and Tian，2013；Ang，2014；Cornaggia et al，2014；Brav et al.，2017；Dannhauser，2017；Moshirian et al，2017；Jiang and Yuan，2018；Malamud and Zucchi，2019）。

此外，金融中介方面，大量文献研究风险投资、私募股权投资等的资助对企业创新的影响。风险投资人以监管者的身份选择有前景的新企业进行持续投资和支持，并以中介者的身份为企业牵引更多的投资（Zhelyazkov and Gulati，2016）。同时，他们也可以为企业提供非资金支持（增值服务），如为企业提供战略建议、招募企业管理人员、潜在客户供应商、合作伙伴、并购方等（Sapienza and Gupta，1994，Lerner，1995；Fulghieri and Sevilir，2009）。可以说，风险投资在支持初创企业创新方面发挥重要作用（Gompers and Lerner，2001）。多数文献认为，风险投资能够促进企业创新。苟燕楠和董静（2013）发现风险投资进入企业的时期越早，对企业创新的影响越积极。张学勇和张叶青（2016）研究风险投资对企业创新能力的影响发现，在 IPO 之前，风险投资有助于促进企业创新。苟燕楠和董静（2014）发现有风险投资参与的企业在技术创新上的表现要显著好于无风险投资参与的企业，而且政府背景风险投资的参与、公司背景风险投资的参与以及混合资本背景风险投资的参与与企业研发投入呈负相关关系。齐绍洲等（2017）基于新能源政府补贴缺口逐年扩大的背景，研究风险投资如何影响新能源企业创新，发现风险投资显著提高企业创新水平。这主要是由于风险投资不仅为企业提供了资金支持，提高了企业研发创新的积极性，也为企业提供了有利于创新的增值服务。陆瑶等（2017）研究了风险投资的联合投资对被投资企业的创新影响。发现联合投资的机构数越多，被投资企业的创新就越强，同时，风险投资的持股时间越长，联合投资对企业的促进作用越强。陈思等（2017）运用双重差分的方法发现，风险投资促进了被投资企业专利申请数量的增加，这种促进效应在风投背景为外资和联合投资形式下更强。

这一方面是由于风险投资者为企业吸引了研发人才，扩大了研发团队，另一方面是由于风险投资为企业提供了行业经验和行业资源。也有部分文献认为风险投资对企业创新的影响并不确定。陈见丽（2011）以中国创业板高新技术企业为样本，发现风险投资参与没有为企业带来更多创新资源，也未能促进企业创新。温军和冯根福（2018）研究风险投资的增值效应和攫取效应，基于企业 IPO 前的数据发现，在 2004—2011 年间风险投资整体上降低了中小企业的创新水平，且增值服务对创新的增量作用不足以抵消攫取效应的消极影响。而且，风险投资对创新的影响呈 U 形关系，最低点一般出现在 IPO 当年或前一年，说明临近 IPO 时风险投资的攫取效应更为显著而增值服务却无明显的变化。

另外，Tian and Wang（2011）以风险投资的 IPO 企业为样本发现，风险投资的失败容忍度越高，越能够促进被投资企业创新。Mao et al.（2013）发现风险投资者分阶段投资数对 IPO 企业创新的影响，发现分阶段数越多，越不利于企业创新。Chemmanur et al.（2014）研究发现，企业背景的风险投资在培育创新方面优于独立风投。这主要是因为企业风投有更丰富的行业知识和更高的容忍度。买忆媛等（2012）研究风险投资和天使投资对创新的影响，发现风险投资背景的企业比天使投资背景的企业更注重创新活动的投入和质量。与买忆媛等（2012）不同，Dutta and Folta（2016）发现，在企业初创期的风险投资和天使投资对企业创新的影响没有区别。Fulghieri and Sevilir（2009）认为企业为了应对市场竞争，最优的策略是在企业边界外开展创新项目，即与具有创新能力的企业合作并为其提供资金进行创新。

最后，在其他外部因素方面，部分学者从税收政策、企业政治活动、政治环境不确定性、经济政策不确定性、国家和地区的宗教信仰、经济运行周期、市场竞争程度、信贷寻租等也对企业创新产生促进或者抑制的影响（张璇等，2017；顾夏铭等，2018；Bhattacharya et al.，2014；Nanda and Rhodes - Kropf，2013；Gorodnichenko et al.，2010；Albertus et al.，2015；Adhikari et al.，2016；Reza et al.，2016）。

2.2 民营化与企业创新的研究现状与分析

民营化是指政府将其控制的国有企业或国有企业的资产出售给个人或民营

经济主体（Megginson and Netter，2001）。根据企业的控制权是否发生转移，民营化可分为完全民营化和部分民营化。

（1）有关民营化的争议。关于民营化对企业效率的影响存在两种相反的观点。

一种观点认为，民营化可以提高企业效率。政治观（Political view）和经理人观（Managerial view）是民营化提高企业效率的两种主要理论观点。政治观认为，政治家和政府的目标常常与企业价值最大化不一致，他们会通过干预国有企业来追求自身的政治目标（Shleifer and Vishny，1994）。Boycko et al.（1996）进一步建立了一个民营化的理论模型表明，国有企业在民营化以后，政治家为了自己的政治目的而干预民营企业的成本提高了。这是因为，相对于干预国有企业的就业来说，给民营企业提供补贴并迫使这些企业保持无效率的高就业率在政治上变得更加困难。因此，只有通过将国有企业的控制权由政府转移给民营经济主体，实现国有企业的完全民营化，企业的效率才能够改善。经理人观主要基于经典的代理理论，这种观点认为，国有企业由于缺乏对管理者的有效监督机制和激励机制，所以管理者在经营决策中的道德风险和机会主义行为问题可能更严重（Laffont and Tirole，1993）。因此，通过民营化来改变国有企业的产权性质是提高企业效率的必要条件。

很多研究发现，国有企业在民营化以后，盈利能力、销售能力、经营效率、员工生产率、企业风险承担水平、企业创新水平等显著提高（刘小玄，2004；胡一帆等，2006；余明桂等，2013；李文贵和余明桂，2015；Megginson et al.，1994；La Porta and López - de - Silanes，1999；Sun and Tong，2003；Gupta，2005；Boubakri et al.，2013；Tan et al.，2015）。例如，La Porta and López - de - Silanes（1999）以墨西哥民营化企业为样本发现，民营化后企业盈利能力、经营效率、企业产出和税收缴纳显著增加，但员工人数显著减少。Gupta（2005）以印度部分民营化的企业为研究对象，发现国有企业部分民营化后，盈利能力、劳动生产率、研发投资支出和固定资产支出增加。Boubakri et al.（2013）以30个国家190家民营化企业为样本，发现外资股份比例的增加提高了企业风险承担水平。Boubakri et al.（2016）以44个国家4C6家非金融企业为样本，发现完全民营化后企业的风险承担水平、盈利能力和成长性显著提高。

另一种观点认为，民营化降低了企业效率。有文献证明，民营化后企业的盈利能力、资产利用效率、企业创新效率显著下降（汤谷良和戴璐，2006；朱红军等，2007；钟昀珈等，2016；Chen et al.，2006）。例如，白云霞和吴联生（2008）发现，国有企业在国有股权民营化前存在降低收益的盈余管理行为，造成国有资产流失。汤谷良和戴璐（2006）对“武昌鱼”的案例分析发现，国有上市公司部分民营化后，国有制衡股东并没有发挥制衡作用。进一步的，涂国前和刘峰（2010）发现，完全民营化后，具有国有股东制衡的企业掏空更严重。也就是说，新任民营控股股东取得公司控制权后，依然面临各种风险，如政府干预风险，为了降低风险，民营控股股东最好的选择之一就是尽快收回投资成本，因此新任民营控股股东具有更强的掏空动机。以上文献说明，在国家相关制度体系建立尚不完善，腐败等问题尚未解决的前提下，贸然进行民营化可能更加不利于提高国有企业效率。

（2）民营化对企业创新的影响。目前，关于民营化与企业创新的文献主要有3篇。李文贵和余明桂（2015）研究了民营化企业的股权结构对企业创新的影响，发现民营化企业中非国有股权比例越高，企业创新水平越高。李文贵和余明桂（2015）从政治观和经理人观解释这项结果，认为更高的非国有股权比例有助于减少政府向企业施加的政治压力，从而使企业以股东财富最大化为目标开展更多的创新活动，同时，更高的非国有股权比例有助于缓解代理问题。文章进一步检验发现，主要是经理人观在起作用。值得指出的是，李文贵和余明桂（2015）研究的是民营化以后的企业，而不是民营化这个事件的影响。

关于民营化的争议一直存在。一些观点认为，民营化能够消除市场摩擦、提高风险承担水平、降低代理成本、减少资源错配，从而提高效率。也有观点认为，民营化导致社会和经济的不稳定，激化大股东和中小股东之间的矛盾，造成国有资产流失。因此，民营化能否促进企业创新是个不确定的命题。目前，关于民营化事件的研究主要有Tan（2016）和钟昀珈等（2016）两篇文章。

Tan（2016）以股权分置改革作为国有企业民营化事件，以1289家非金融上市公司为样本研究民营化对企业创新的影响，即以非流通股转化为流通股作为民营化的方式，进行双重差分检验。本书检验发现民营化显著促进了企业技术创新。进一步检验发现，降低代理问题和增加股价信息含量是民营化发挥积极作用的机制。不过，钟昀珈等（2016）同样以中国上市公司为研究样本，却得到相反的结果，认为民营化抑制了企业创新，而这种抑制作用主要是由于民营化增加了关联交易并降低了投资效率。与Tan（2016）不同，钟昀珈等（2016）以国有股权占比的降低作为民营化事件进行研究。

基于以上两篇文献可以看出，关于民营化能否促进企业创新还没有形成一致结论。

2.3 高管激励与企业创新的研究现状与分析

高管激励是企业为了缓解代理问题，使高管利益与企业长期目标趋于一致，而对高管实行的激励和约束机制（Jensen and Meckling，1976）。高管激励按照激励类型的不同可以划分为晋升激励和薪酬激励。其中，晋升激励是指企业高管为获得 CEO 或者更高的职位所受到的激励。关于晋升激励的文献较少，且主要集中在锦标赛激励（林浚清等，2003；周黎安，2004；刘春和孙亮，2010；Lee et al.，2008；Kale et al.，2009；Chen et al.，2011；Mobbs and Raheja，2012；Burns et al.，2013）。

本书所研究的业绩考核制度是国务院国资委制定并实施的针对央企负责人的激励制度，不仅是央企负责人薪酬评级的标准也是他们职务任免的重要依据，因此可以发挥薪酬激励和晋升激励双重作用。基于本书的研究，笔者对业绩考核制度、薪酬激励、晋升激励以及三者对企业创新的影响相关的文献分别进行综述。

（1）业绩考核相关文献综述。高管业绩考核可以分为以利润为导向和以价值为导向两种，前者以会计利润指标考核高管业绩，后者以企业价值指标考核高管业绩。目前，大量文献研究以价值为导向的高管业绩考核，这种考核办法以企业价值为导向设计企业战略和激励计划、评估企业业绩，如采用剩余收益、EVA 等为考核指标衡量高管业绩（Ryan and Trahan，1999；Ameels et al.，2003；Malmi and Ikäheimo，2003；Firk et al.，2016）。已有文献指出，价值导向的业绩考核提高了股东价值（Ittner and Larcker，2001；Lueg and Schäffer，2010；Knauer et al.，2015），也有文献认为这种业绩考核方式作用有限（Rapp et al.，2011）。如 Knauer et al.（2015）发现以企业价值为业绩考核指标的企业并购宣告的短期反应和长期反应均为正，说明价值考核提高企业价值。Wallace（1997）对比了剩余收益导向的薪酬计划和传统的利润导向的薪酬计划下高管行为的不同，发现在剩余收益导向下，高管投资减少，资产剥离增加，对股东支付的利息增加、同时提高了资产利用效率。Hogan and Lewis（2005）则认为经济增加值测度与会计测度没有显著区别。Balachandran（2006）研究剩余收益导向的薪酬计划对投资行为的影响，发现企业投资行为从增加投资导向薪酬向增加剩余收益导向薪酬转变。Ryan and Trahan（2007）发现美国的大企业在实施了价值管理后剩余收益增加。Firk et al.（2016）以欧美上市公司为样本发现价值导向的业绩考核增加了企业绩效。Riceman et al.（2002）对比了 EVA 奖励计划和传统奖励计划对企业绩效的影响差异，发现实施 EVA 奖励计划的企业业绩更好。

也有一类文献研究哪些企业会实施价值管理。如 Lovata and Costigan（2002）以机构投资者持股和内部人持股测量代理成本，发现 EVA 业绩考核在代理问题严重的企业更可能采用。Ittner et al.（2003）分析高管对业绩考核体系的满意度发现，高管对于经济价值考核更满意。Athanassakos（2007）发现代理问题严重的大企业和有受过良好教育高管的新企业更可能采用价值导向管理。Dekker et al.（2012）认为企业是否使用价值导向的指标考核高管业绩与企业的需求和高管管理资本成本的能力有关。

关于央企业绩考核制度的研究较少，Du et al.（2017）研究国资委将央企高管的考核指标从净资产收益率变更为经济增加值后，监管者如何对企业进行监管评价。Du et al.（2017）发现，监管者会将主观调整决策的权重从 ROE 转移到 EVA。然而，监管者并没有惩罚在 EVA 上表现不佳而在 ROE 上表现良好的国企，而是通过将权重从 EVA 转移回 ROE 来规避惩罚。总的来说，研究结果表明，采用新的绩效衡量方法会产生公平问题，当新措施的不良绩效与旧措施的良好绩效发生冲突时，监管者会做出更为宽松的主观调整。Chen et al.（2018）研究中国各地区考核的差异对企业避税的影响。本书统计发现，只有上海、广东、浙江和福建采用税后指标对高管进行考核，其余省份按照税前指标考核，而以税后指标考核的国有企业更有动机进行避税，并采用更多的负债融资。

业绩考核制度影响企业创新的文献目前仅有 2 篇，一篇是池国华等（2016）尝试检验 EVA 考核对创新的影响，发现央企实施 EVA 考核后，企业的创新水平提高了，这主要是由于 EVA 考核调和了股东和管理者之间的利益冲突，同时，EVA 的计算也缓解了高管对研发的顾虑，因此显著促进了企业创新。进一步检验发现，管理者风险特质对 EVA 与企业创新的关系起到了正向调节作用。还有一篇是俞鸿琳和张书宇（2016），从高管晋升激励和考核机制的角度研究国有企业的研发投入，发现高管晋升激励对企业研发投入的影响显著为负，说明高管为了职业生涯不愿意承担创新这种高风险的活动，不过，2010年业绩考核制度颁布后，晋升激励对企业研发投入的影响为正，说明考核机制决定高管行为选择的方向。

（2）高管晋升激励与企业创新相关文献综述。目前，高管晋升激励相关的理论主要是锦标赛理论，即企业薪酬的差距对高质量的高管提供较强的激励，有利于业绩提升。Kale et al.（2009），Kini and Williams（2012），Burns et al.（2013）等研究CEO锦标赛晋升激励（用CEO薪酬占其他高管薪酬的比例来衡量），发现锦标赛晋升激励与企业价值呈正比。另外，Baker et al.（1988）认为当CEO到达企业最顶层，晋升激励难以发挥作用，发挥作用的只有薪酬激励。Kale et al.（2009）研究CEO和只比CEO低一级的高管（VPs）的晋升锦标赛激励和股权激励对企业绩效的影响。研究发现，锦标赛激励，即CEO与VP的薪酬差异对企业绩效有正向影响，这种正向的影响在CEO快退休时增强，在CEO新上任时减弱，在新上任的CEO为外部人时进一步减弱。

锦标赛晋升是多位候选者竞争CEO职位。除了锦标赛晋升，还有一种是直接继任，即企业已经确定下一任高管，关注于与CEO的合作和CEO对继任者的信息和经验的传递。Mobbs and Raheja（2012）根据高管的头衔、相关报酬、持股、董事会职位等将高管继任的顺序进行排序，用这个排序来识别企业是锦标赛激励还是继任激励，研究发现，采用继任激励的企业薪酬业绩敏感性更强，而且继任者获得了更多的薪酬。而且，CEO职位的专用性人力资本更重要的企业和CEO来自外部的可能性受限的企业采用继任激励。另外，这些企业高管变更对企业绩效的敏感性较低。最后，继任激励下的企业绩效较差。

晋升激励与企业创新方面的文献较少，除了上文提到的俞鸿琳和张书宇（2016）以外，张兆国等（2014）检验晋升对企业研发投入的影响，发现高管任期与研发呈倒U形关系，而高管的预期任期与企业研发正相关，这说明高管预期在任时间越长，越愿意进行研发投资，预期在任时间越短，进行研发投入后产生的成果越不容易享受到，因此越不愿意进行研发投入。进一步检验发现，高管晋升激励正向调节了高管任期与研发的关系。解维敏（2012）检验发现，出于地方官员追求政绩的诉求，他们会积极干预辖区内的企业经营行为。康华等（2016）发现，企业内部晋升激励与研发投入显著负相关，晋升激励与企业研发投入显著正相关。Jia et al.（2016）采用1992—2012年的数据研究非CEO晋升锦标赛激励对企业创新的影响，通过以CEO与非CEO薪酬差异作为晋升锦标赛激励的代理变量，发现晋升锦标赛激励对企业创新数量、创新质量、创新效率、创新重要性和新颖性都有正向的显著影响。进一步发现，这种影响的可能渠道是人力资本（吸引有才智的高管）和董事会干预的减少。

（3）高管薪酬激励与企业创新相关文献综述：

①薪酬激励与企业行为。代理替代理论（Agency - Substitution Theory）和寻租理论（Rent Extraction Theory）是高管激励影响企业行为的两种对立理论（Morse et al.，2011）。代理替代理论认为，激励契约使股东和管理层利益一致，可以缓解代理问题，弥补监管上的不足，是监管机制的替代机制（Jensen and Meckling，1976；Holmstrom，1979；Grossman and Hart，1983；Eaton and Rosen，1983；Huson et al.，2001；Hartzell and Starks，2003）。寻租理论认为，具有较高权力的 CEO 不易被董事会监管，他们可以用自身权力攫取租金，并将租金转变为激励薪酬（Bebchuk et al.，2002；Bebchuk and Fried，2004；Adams，2005；Morse et al.，2011）。

很多文献从不同角度检验了这两种理论。

现有文献分别从高管团队特征（Bansal et al.，2016）、盈余管理（李延喜等，2007；苏冬蔚和林大庞，2010；Cornett et al.，2008；Chen et al.，2015；Schroth，2015）、企业风险（Guo et al.，2015）、投资行为（Bliss and Rosen，2001；Ryan and Wiggins，2002；Minnick et al.，2011）等角度去检验代理替代理论。如 Bansal et al.（2016）通过 1992—2013 年 9230 个企业层面样本发现，首席市场官的边际生产率与其总薪酬正相关，而且他们的薪酬与企业股价有较强的敏感性。相对于没有首席市场官的企业，有首席市场官的企业其广告和研发投入强度更大。Chen et al.（2015）为检验高管股权激励是否是公司治理机制的一种，对具有不同经济成本的应计盈余管理和真实盈余管理与高管股权激励的关系进行研究，发现 CEO 的股权激励与应计盈余管理正相关，与真实盈余管理负相关，而且，高管的盈余管理行为避免了企业价值受到损害。Schroth（2015）通过建立最优高管薪酬模型发现类似结论，高管的长期薪酬与其利润操纵行为具有负相关关系。Guo et al.（2015）发现高管的短期和长期薪酬与银行风险呈正相关关系，激励薪酬降低了银行出现问题和倒闭的可能性，这个结果在金融危机前和金融危机期间依然存在。Minnick et al.（2011）通过研究高管激励如何影响银行业的并购决策，发现薪酬业绩敏感性强的企业往往进行增值型并购决策，而且 CEO 薪酬业绩敏感性强的企业并购前后的超额回报较高。

也有文献从反面对代理替代理论进行解释，即当薪酬受到管制时，激励作用就会受到限制。这种薪酬管制现象在中国国有企业中较为普遍。陈冬华等（2005）对上市公司高管人员在职消费行为进行理论分析，发现在职消费成为国有企业管理人员的替代性选择，国有企业中受到管制的外生薪酬安排缺乏应有的激励效率。辛清泉等（2007）进一步发现，国有企业的薪酬契约无法对高管的工作努力和经营才能做出补偿和激励，因此导致投资过度现象。陈信元等（2009）则发现薪酬管制的存在与高管腐败发生的概率呈正相关。

现有文献从高管控制权、避税行为、企业社会责任等角度去检验寻租理论。Morse et al.（2011）通过建立租金与高管薪酬模型，并采用1993—2003年的数据检验发现，随着高管权利的提高，高管索取的激励薪酬也相应增加，同时CEO人力资本密集度和企业未来前景的不确定性也提高了索取程度，而这种索取降低了企业绩效。这些结果说明，高管凭借权利对薪酬的索取扭曲了激励机制，不利于企业绩效和价值的提升。吕长江和赵宇恒（2008）、权小峰等（2010）也发现了类似的现象。Muslu（2003）发现高管薪酬中股票期权比例随着CEO控制权的增加而减少。夏纪军和张晏（2008）从组织中委托人私人收益角度，分析委托人控制权与代理人激励之间可能的冲突。他们发现，中国上市公司大股东控制权与管理层股权激励之间存在显著的冲突，而且这种冲突与股权性质、公司成长速度相关。Bergstresser and Philippon（2006）发现，高管受到的激励与企业股价联系越紧密，企业盈余管理越多，而且高管会在操纵盈余粉饰报表时卖出大量的公司股票，从而获取私人利益。Desai and Dharmapala（2006）则从避税角度研究寻租和高管薪酬的关系，以1993—2002年943家美国公司的数据进行实证检验发现，增加高管薪酬会降低避税水平，从侧面反映了寻租和避税的互补关系。Minor（2016）从环境保护的角度研究发现，对于权力较大的高管，其薪酬与环境法的违反概率和环境破坏程度正相关。Zou et al.（2015）采用中国制造业的698家上市公司的数据，研究发现，高管现金薪酬与环境绩效正相关，高管持股比例与环境绩效负相关，说明在中国环境下不同形式的薪酬激励对环境绩效产生不同的影响。Rekker et al.（2014）发现，CEO的总薪酬与企业的社会责任呈反比。

②薪酬激励与企业创新。

a. 现金薪酬激励。李春涛和宋敏（2010）利用世界银行在中国制造业企业的调查数据发现，CEO 的薪酬激励能促进企业进行创新。Coles et al.（2006）发现高管薪酬与股票收益波动的敏感性（Vega）强的企业倾向于风险较大的投资决策，较多投资于研发、较少投资于厂房设备，企业具有较高杠杆率。Chen（2010）认为当期望薪酬下降真实薪酬上升时，薪酬激励对研发投资有显著促进作用。卢锐（2014）认为事前的高水平薪酬可以促进公司高管从事创新投资，高管薪酬业绩敏感性可以约束高管在创新投资事后的机会主义行为。

b. 股权激励。该部分文献较多但结论不统一：部分研究认为股权激励降低代理成本，促使高管倾向于进行研发等风险较大的投资（Coles et al.，2006；Sanders and Hambrick，2007；王燕妮，2011）；还有部分文献认为股权激励与研发投资呈倒 U 形关系，当高管持股达到一定程度会产生风险规避的倾向，从而减少研发投资，增加厂房设备等资本性支出（Wu and Tu，2007；唐清泉等，2011）。另外，Ryan and Wiggins（2002）对高管持股进行了区分，发现股票期权与研发投资是正相关关系，但限制性股票对研发投资是负相关关系。

2.4 并购与企业创新的研究现状与分析

并购是指企业处于战略性目标等对其他公司实施的兼并或收购行为，可以分为横向并购、纵向并购和混合并购。横向并购是同行业内企业间的并购，纵向并购是上下游之间的并购，混合并购则兼而有之。关于并购的文献非常丰富，根据本书研究内容，笔者主要对并购动因、高管激励与并购以及并购与企业创新三个方面进行综述。

2.4.1 并购动因

根据现有文献，并购主要出于以下几种原因：增加企业价值、管理层谋取私利、高管过度自信以及其他因素。

（1）增加企业价值。①并购可以使企业获得更高的市场力量，增强议价能力。Prager（1992）以铁路行业为样本研究并购，发现在并购宣告日所在的一周内，企业的竞争对手股价降低，间接说明了市场力量的存在。Kim and Singal

（1993）航空运输业并购公司的产品价格在并购发生后提高，也说明并购提高了企业的市场力量。②并购可以提高企业生产效率，降低生产成本（McGuckin and Nguyen，1995；Banker et al.，2003）。③获得与企业互补的资源。Pfeffer（1972）认为并购方通过并购获取需要的资源。Capron et al.（1998）研究发现横向并购可以将并购方和被并购方的资源重新分配。King et al.（2008）发现并购方在并购宣告日的异常股票收益与并购方和被并购方的资源互补程度显著相关。Casciaro and Piskorski（2005）认为产业间并购的一个动机是并购方和被并购方之间的资源具有相互依赖的属性，但是双方权利不平衡是合作的障碍。④获得人力资本。人力资本是提高多元化公司价值的重要因素。Puranam and Srikanth（2007）发现并购方公司以创新为目的进行并购，整合目标公司的创新资源获取企业的新技术。Tate and Yang（2016）发现多元化并购更多的发生在人力资本流动性较强的行业，同时这类并购能够提高企业劳动生产率。这类并购可以使企业获得更多技术性员工并可以将并购前员工转入目标公司发挥协同增效的作用。

（2）管理层谋取私利。代理理论认为，薪酬契约可以缓解高管机会主义行为，使高管和股东利益一致。多数文献认为，并购能提高CEO的薪酬，包括现金薪酬、股权薪酬、奖金红利等（Agrawal and Walkling，1994；Sanders，2001；Bliss and Rosen，2001；Grinstein and Hribar，2004；Deutsch et al.，2007；Harford and Li，2007）。因此，高管有动机通过并购获得更高的薪酬。同时，并购可以增强CEO的自由裁决权，从而进一步巩固高管在企业的地位，降低失业风险（Gomez－Mejia and Wiseman，1997）。Kroll et al.（1997）发现高管控制的企业的并购导致CEO更高的薪酬，但是在股东控制的企业，CEO的薪酬与股东价值的关系更显著。Bliss and Rosen（2001）发现银行并购后，即使并购异常股票收益下降，CEO薪酬依然增加。Rose and Shepard（1997）发现多元化经营的企业CEO有较高的薪酬。Hartzel et al.（2001）研究发现目标公司的高管薪酬与并购相关。Morck et al.（1990）认为高管在并购时追求不相关的多样化，这可能损害股东利益。一方面，高管持有多样化的公司以降低个人风险，另一方面，在现有主业务可能价值降低或者清偿时，多样化有助于高管开启新的业务。而且，当较差的业绩对高管的工作形成威胁时，他们有动机进入一个他们擅长的新的领域。同时，高管希望他们的工资保持收益增长，即使以市场价值为代价。企业成长性为高管晋升提供机会。当企业并购一个具有高成长性的公司时，年轻的高管不仅可以获得晋升，而且正在成长的公司会一直需要管理才能。并购一个正在发展的企业作为一个策略延长企业存续时间，这对于高管来说更重要。Harford et al.（2012）发现，具有壕沟防御效应的高管在并购私有企业时，更倾向于使用现金，避免监管以及潜在股东的产生，在并购有大股东的上市公司时也不倾向于股权并购。同时，具有壕沟防御效应的高管会选择较差的目标公司实施并购，造成价值损失。

（3）管理者过度自信。高管的过度自信和自负自满也可能引起并购行为的增加（Roll，1986；Morck et al.，1990）。Hayward and Hambrick（1997）检验发现，高管过度自信增加了收购溢价，降低了并购绩效。类似的，Malmendier and Tate（2008）发现过度自信的 CEO 高估了自己创造价值的能力，造成企业价值的下降，这种现象在内部现金流较充足的企业更明显。Alexandridis et al.（2013）认为高管过度自信，高估了自己获得并购收益的能力，倾向于并购大公司。他研究了并购溢价和交易规模的关系，发现并购溢价与目标公司规模负相关，说明并购方对于大企业支付的较少。而且，并购较大的企业损害了并购方价值并导致并购宣告日左右的非系统收益波动的增加。De Bodt et al.（2018）发现，并购竞价存在出价过高的问题，有部分证据表明，这种过高的出价归咎于成功者诅咒。

（4）其他原因。第一，商业网络。企业通过并购加强两个公司之间的商业合作，即锁住合作伙伴（Haunschild，1993；Haunschild and Beckman，1998）。第二，商业战略。全球化战略下，企业为了开发未涉足地区的业务，并购熟悉该地区的公司从而更好地打开市场（Harzing，2002；Graebner and Eisenhardt，2004）。第三，学习经验。类似于获取互补资源，如果一个企业有良好的经验，如并购经验等，企业通常会并购这样的公司以获取经验（Barkema and Schijven，2008）。

2.4.2 高管激励与并购

关于企业并购的影响因素的文献很丰富。第一，高管特征方面，如高管的认知能力和专业知识水平（Very et al.，1997；Porrini，2004）、高管职业生涯（Hartzell et al.，2004；Jenter and Lewellen，2015）、高管年龄（Yim，2013）。第二，企业特征方面，如企业性质（Maksimovic et al.，2013）、企业绩效（Agrawal and Jaffe，2003）、企业规模（Moeller et al.，2004；Schneider and Spalt，

2017）、企业资本结构（Uysal，2011）、企业地理位置（Almazan et al.，2010）、并购经验（Delong and Deyoung，2007）、企业社会责任（Deng et al.，2013）、外商直接投资（Loayza，2004）、职工薪酬契约（Babenko and Tserlukevich，2016）、公司治理（Masulis et al.，2007；Caprio et al.，2011；Li et al.，2017）、董事会与高管的社会关系（Schmidt，2015）；信用等级（Aktas et al.，2015；Renneboog et al.，2016）。第三，外部环境方面，如制度环境（Devers et al.，2008；Bonaime et al.，2016）、劳动保护（Dessaint et al.，2017）、媒体报道（Ahern and Sosyura，2014）等都有学者研究。由于本书研究业绩考核制度对并购后企业创新水平的影响，因此主要对高管激励对并购的影响进行综述。

正如前文综述，一方面，并购的一个可能动因是高管过度自信，他们高估了目标公司的价值并支付过高的金额（Roll，1986）；另一方面，高管的并购决策可能仅仅是为了满足个人私利（Shleifer and Vishny，1988），这些动因下的并购都可能损害股东利益。Mirrlees（1976）、Holmstrom（1979）、Grossman and Hart（1983）等研究如何设计高管薪酬契约缓解道德风险问题。CEO需要完成一系列的工作任务最大化投资者效应，但是，CEO执行任务是不可观测的，而且CEO倾向于满足自身私利而非投资者利益最大化，为了更好地将高管和股东利益结合在一起，董事会应为CEO提供薪酬，并将CEO薪酬与其业绩相挂钩。本书对高管激励与企业并购行为相关的文献进行综述，主要分为以下五个部分。

（1）高管薪酬结构。大量文献研究高管薪酬结构对企业并购行为的影响。如Bliss and Rosen（2001）和Minnick et al.（2011）认为高管薪酬业绩敏感度较高的企业更容易风险规避，发生并购的可能性较低。同时，高管的薪酬绩效敏感性强的企业在并购宣告期间有较高异常股票收益。较高的薪酬业绩敏感性有助于降低损害价值的并购几率，增加提高价值的并购概率，提高并购绩效。Denis et al.（1997）、Datta et al.（2001）研究高管薪酬结构如何影响企业的并购决策，发现并购方高管的股权薪酬与并购时和并购后的股价正相关。相对于低股权薪酬的高管，高股权薪酬的高管并购溢价更低、被并购方有更高的成长机会，也给并购方带来更高的风险承担水平。Smith and Watts（1992）认为具有高成长机会的企业采用股权薪酬激励不仅可以吸引和保留有能力的高管，也在投资决策难以监管时对高管提供正确的激励。Harford and Li（2007）研究并购后的薪酬政策如何影响CEO的并购倾向，发现业绩较差企业的CEO的股权激励抵消了被并购企业较差的股价表现，因此，CEO 的薪酬与较差的并购绩效完全不相关，但是与较好的并购绩效相关。Cai and Vijh（2007）研究并购双方 CEO 持有的股票期权对并购的激励效应。对于目标公司来说，CEO 持有的股票期权价值低于市场价值，这是由于高管在出售股票期权方面存在一些流动性限制。并购可以使目标公司高管变现其持有的股票期权，增加高管持有股票期权的价值。对于并购方公司来说，并购方 CEO 有动机提高他们被高估的股票期权，提高的方法是与股价被低估的企业并购。Shleifer and Vishny（2003）也认为，高管持有股票期权的流动限制是为了防止高管被高估的股票期权在短期内变现，由于限制变现，CEO 需要长期持有股票期权，那么他们有动机提高这些股权的价值。Jan and Kent（2011）以银行业的并购为例研究高管薪酬结构对企业风险选择的影响。研究发现，薪酬对风险敏感的 CEO 热衷于高风险并购。

（2）高管雇用合同。还有一部分文献研究高管雇用合同对并购行为的影响。CEO 就业协议一般在 CEO 任命时签订，包含了各种关系的处理、CEO 的责任、任期、基本薪酬安排、解雇补偿处理等。一方面，由于管理者更加风险规避，会规避那些可能导致为短期利润下滑，或者管理者在项目终止前被解雇的高风险投资项目（Bertrand and Mullainathan，2003；Atanassov，2012）。雇用合同明晰责任和法律义务、解决如何终止合同关系的不确定性，可以吸引和留住管理人才，保护 CEO 作出高风险的决策，对不利因素提供事前保证，缓解高管的风险规避，激励高管作出高风险的能够增加企业价值的决策（Hale et al.，2000；Almazan and Suarez，2003；Ju et al.，2004；Gillan et al.，2009）。但同时，雇用合同包含了最低薪酬待遇，可能会降低薪酬业绩敏感性，可能增强 CEO 的议价能力，使辞退 CEO 成本很高，也不利于市场选择和内部治理机制作用的发挥，降低了高管谋取私利损害股东利益的成本（Bebchuk and Fried，2003）。Bick and Crook（2018）研究共同基金对这种不利行为的抑制方式，发现共同基金通过投票反对并购后管理层发起的薪酬建议书，从而降低高管过高的薪酬，增加薪酬业绩敏感性，降低 CEO 获得租金的能力。Zhao（2013）研究 CEO 的雇用合同（就业协议）对并购的影响。采用 1993—2005 年 S&P500 公司为样本发现，CEO 签订雇用合同的企业并购价值更高，并购溢价更低，同时，CEO 签订雇用合同的企业并购的目标公司在并购前有更高的股票收益波动和成长机会，这说明雇用合同激励高管追求质量更高、利润更高、风险更高的并购。

（3）高管负债薪酬。与现金薪酬、股票期权、奖金等不同，部分文献研究负债相关薪酬。负债薪酬即退休金福利、递延劳务等，是高管薪酬计划的重要组成部分，在一些企业，负债薪酬甚至高于股票期权薪酬（Bebchuk and Jackson，2005；Sundaram and Yermack，2007；Gerakos，2010；Wei and Yermack，2011）。这种负债薪酬是无担保的，用来缓解高管过度的风险承担，使高管与外部债权人利益趋于一致，一旦企业破产，高管与其他无担保债权人一样也有平等的申诉权利（Sundaram and Yermack，2007；Cassell et al.，2012）。Anantharaman et al.（2011）发现CEO负债薪酬与债券收益负相关。Wei and Yermack（2011）发现CEO负债薪酬导致股权价值向债权价值的转变，而且这两种有价证券的波动性都显著降低，部分企业价值降低。Phan（2014）研究CEO负债薪酬持有对并购活动风险承担水平的影响以及对债权人、股东和企业价值的影响，发现CEO负债薪酬降低了企业并购倾向。这说明负债薪酬使高管与外部债权人的利益趋于一致，使高管倾向于风险规避，减少那些可能产生违约风险的投资活动。而且，在并购时，具有负债薪酬的CEO倾向于选择多元化的目标公司，减少现金支付，并在并购前降低财务杠杆和企业风险。另外，CEO的负债薪酬与并购期间债券异常收益正相关，与股票异常收益和长期绩效负相关。

（4）并购中的高管个人补偿性支付。这方面文献较少，仅Broughman（2016）阐述了补偿性支付对并购可能产生对立的影响。一方面，补偿性支付可以缓解管理层对有利并购的抵制。并购常常使目标公司CEO失业或者收入减少，CEO在并购谈判中发挥重要作用，采取不合作态度的高管团队会损害企业价值。另一方面，补偿性支付可能导致用股东的收益弥补CEO的私有利益。目标公司CEO可以为了私有利益接受一个较低的并购溢价，一些形式的补偿性支付带来并购方公司宣告期间的异常股票收益，说明目标公司CEO与并购方在价格谈判过程中存在勾结。目前，并购高管补偿性支付方面尚未有实证研究。

（5）价值为导向的业绩考核制度。价值管理是引导价值最大化的企业行为的一种方法（Rappaport，1998；Ameels et al.，2003），以企业价值为导向的业绩考核办法是价值管理的核心，这种考核办法以价值为导向设计企业战略和激励计划、评估企业业绩（Ryan and Trahan，1999；Ameels et al.，2003；Malmi and Ikäheimo，2003；Firk et al.，2016）。在价值导向的业绩考核下，资本成本是高管需要重点关注的指标。已有文献指出，价值导向的业绩考核提高了股东价值（Ittner and Larcker，2001；Lueg and Schäffer，2010），也有文献认为这种业绩考核方式作用有限（Rapp et al.，2011）。Knauer et al.（2015）发现以企业价值为业绩考核指标的企业并购宣告的短期反应和长期反应均为正。说明价值考核提高企业价值。一方面，在并购时，价值导向的业绩考核有助于企业关注净股东价值，使高管更好地估计目标公司的风险，更谨慎地处理信息不对称，确定符合股东利益的并购价格上限。另一方面，价值导向的业绩考核有助于使股东和高管利益趋于一致。

2.4.3 并购与企业创新

企业可以通过并购创新能力较强的企业或者已经具有创新成果的企业来提高自身的创新水平。Williamson（1985）认为不同内部组织结构下资产异质性、不确定性、机会主义行为的不同都会影响企业的创新行为。Aghion and Tirole（1994）研究最优的创新组织结构，发现建立独立的研究部门能够提高创新效率。随后，大量文献证明，由于存在代理问题和信息不对称，以及各部门之间的资源竞争，大企业和多元化企业难以激励高管进行高风险项目（Brusco and Panunzi，2005；Rajan et al.，2000；Rotemberg and Saloner，1994；Scharfstein and Stein，2000），因此，大企业和多元化企业更好地创新策略是并购创新能力强的小企业，而不是内部创新。

关于并购与创新方面的文献目前还较少。冼国明和明秀南（2018）发现企业的海外并购显著促进了企业的创新数量和创新质量。Seru（2014）发现，目标公司被多元化公司收购后，创新数量和质量都显著下降，而且，这种研发能力的下降在内部资本市场比较活跃的多元化企业更严重。这篇文章还发现，之所以目标公司创新能力在并购后降低，是因为企业以战略联盟和合资等形式将研发活动转移到企业边界以外。Sevilir and Tian（2012）发现并购交易规模与企业创新水平和创新成果的创新程度显著正相关。并购交易规模越大，并购发生期间以及发生后两年内的专利数量和专利引用量越高，而且并购对企业创新的影响与研发强度对企业创新的影响相当。同时，目标公司 R&D 强度对企业未来创新水平的促进作用更强，说明并购方通过并购创新能力强的公司来提高企业创新水平。Sevilir and Tian（2012）还研究了收购创新能力较强的公司是否带来更好的市场反应，发现创新水平更强的目标公司并购与并购方异常收益正相关。

与 Sevilir and Tian（2012）类似，Phillips and Zhdanov（2013）认为活跃的并购市场有利于创新，尤其是小企业的创新。除了内部研发，大企业可以外包研发投资给小企业。Phillips and Zhdanov（2013）通过建立模型发现大企业会发现与小企业进行研发竞赛是没有益处的，他们可以通过并购获得创新能力。而小企业在被并购前创新的更多，吸引大企业并购是小企业投资研发的重要动机，当企业被并购的可能性增加，他们创新的积极性也增加。Bena and Li（2014）研究公司创新活动特征与企业成为并购方或者非并购方之间的关系，发现有较高专利成果比例和较低研发费用投入的企业更可能成为并购方；有较低专利成果和较高研发费用比例的企业更可能成为被并购方。同时，并购前双方的技术重合度与并购成功率显著正相关，直接证明了并购的协同效应，但是，产品重合度在这其中起负向调节作用，说明市场竞争可能阻碍同质企业的并购。

2.5　文献评述

（1）现有文献主要从股权薪酬、现金薪酬、总薪酬等方面研究激励机制对企业的影响，虽然文献非常丰富，但仅有少数文献从高管业绩考核指标的视角研究激励机制的经济后果（Chen and Dodd，1997；O'Hanlon and Peasnell，1998；Morse et al.，2011），而且，即使是这些文献也没有注意到业绩考核指标及其变化（特别是 EVA 指标）对企业创新的影响。本书业绩考核指标的变化这一新的视角，深入分析 EVA 考核对企业创新的影响，从而为薪酬契约通过何种具体的途径提高企业绩效水平提供一种新的解释。

（2）尽管已有研究注意到高管激励对企业创新的影响，但是现有文献主要从高管薪酬契约形式，或者说是薪酬结构研究高管激励如何影响企业创新（李春涛和宋敏，2010；梁彤缨等，2015；Coles et al.，2006；Sanders and Hambrick，2007）。很少有文献深入到高管业绩考核的内容来研究企业创新，即研究考核指标的改变对高管创新决策是否有显著影响、高管的创新决策会发生什么样的变化。这正是本书重点关注的内容所在。

（3）如前文所述，民营化是否能够提高国有企业效率存在两种对立的观点。虽然文献非常丰富，但仅有 Tan et al.（2015）以及钟昀珈等（2016）研究了民营化对企业创新的影响。但是，Tan et al.（2015）和钟昀珈等（2016）忽视了民营化企业失去政府保护和国有银行扶持后受到的融资约束的影响，而且采用上市公司数据具有一定的局限性，一方面上市公司相比于非上市公司而言存在的融资约束较小（Easterbrook and Fischel，1986；Brav，2009；Saunders and Steffen，2011），另一方面中国大部分公司是非上市公司，以1000余家上市公司为样本进行研究显然代表性不足（白重恩等，2006；中山大学管理学院课题组，2008）。本书以工业企业非上市公司为研究对象，从企业产权性质由国有转变为民营这一视角深入分析民营化对企业创新的影响，从而澄清民营化对企业创新影响的争议。

（4）通过综述可以看出，目前已有大量文献研究高管激励对企业并购的影响（Zhao，2013；Phan，2014；Knauer et al.，2015；Broughman，2016），也有一些文献研究并购对企业创新的影响（Sevilir and Tian，2012；Phillips and Zhdanov，2013；Seru，2014），但是本书结合这两方面的文献，以业绩考核制度中EVA考核的实施为高管激励机制变更事件，研究价值为导向的考核是否能够促进高管并购更具有创新水平和创新能力的企业以及这种并购对企业价值的影响，从而拓展高管激励、并购与企业创新相关的文献。

第3章　理论基础

3.1　委托—代理理论

亚当·斯密最早在《国富论》中探讨委托—代理问题，认为所有者和管理者分离时会产生疏忽和浪费等现象。Berle and Means（1932）首次系统地阐述企业中的委托—代理问题。他们认为，由于企业所有权的分散，管理者掌握了企业的控制权，当股东与管理者利益不一致时，管理者很可能将企业资源用于谋取个人私利，从而损害股东利益。Ross（1973）认为委托—代理关系是一种经济利益上的契约关系，当委托人和代理人利益一致时，代理人会努力经营和管理企业，而当两者利益不一致时，就会出现代理问题。Jensen and Meckling（1976）将委托—代理关系定义为委托人委托代理人按照委托人的利益需求完成一些服务，相应地，委托人给予代理人决策权而形成的契约关系。委托人和代理人可能存在利益不一致的情况，委托人为了达到利益最大化就需要对代理人采取一定的激励或者付出一定的监管成本，从而保证代理人不会损害委托人的利益或者在委托人利益受损时能够获得补偿，这就产生了代理成本。由于控制权和所有权的分离，控股股东与管理层的关系是经典的委托—代理关系。

早期探讨的代理问题通常是股东和管理者之间的代理问题，被称为第一类代理问题，这一类代理问题主要存在于股权分散的企业形式下。还有一类代理问题是大股东和小股东之间的代理问题，被称为第二类代理问题。当股权集中度较高时，控股股东对管理者的监管成本降低，第一类代理问题得到缓解，但是，控股股东可能利用其对企业的控制权满足个人利益，造成对其他中小股东的利益损害（Shleifer and Vishny，1997）。金字塔结构、交叉持股等造成控制权和现金流权的不对称，即最终控制人可以以较少的资金获得较大的控制权，从而参与到被控股企业的经营管理中，作出不利于中小股东利益的决策。比如，攫取持股公司的资源，以各种隐蔽的方法将持股公司的资源转移到自己手中。

委托—代理问题产生的主要有以下三个原因。第一，信息不对称。管理者作为企业的内部人熟知企业信息，具有信息优势，而股东作为外部人不能观察到代理人的行动，处于信息劣势，由此产生信息不对称。这种信息不对称的产生不仅是由于委托人的认知不足，也是由于委托人充分掌握企业信息所付出的成本太高而限制了委托人掌握完全信息。由于信息不对称，管理者可能产生“道德风险”和“逆向选择”，利用自身的信息优势签订可以满足个人私利而令委托人利益受损的契约，比如管理者为谋取私利选择次优甚至净现值为负的投资项目从而损害股东利益。第二，利益不一致。股东追求的目标是股东财富最大化，在股东利益目标框架下，管理者难以达到自身利益最大化，其付出的努力与回报不匹配，除了股东与管理者签订的契约中的固定的薪酬以外，管理者有追求更高收益的动机，包括利用控制权扩大对企业资源的控制获得尽可能多的收益。因此，在缺乏合理的激励机制条件下，管理者往往追求自身利益最大化而损害股东的利益。这项问题可以通过适当的激励机制来解决。第三，责任风险不对等。股东是企业资产的所有者，企业的风险由股东承担，一旦管理者决策失误，承担企业风险和损失的是股东，而管理者仅仅是收入减少、职务丧失、声誉受损等。相对而言，股东和管理者的风险和责任不对等。

根据本书的研究主题和研究内容，笔者主要介绍代理理论中的信息不对称理论和激励理论。

3.1.1 信息不对称理论

信息不对称是指交易各方所拥有的信息存在差异，拥有较充分信息的一方往往能够掌握更多的主动权。管理者作为企业的内部人熟知企业信息，具有信息优势，而股东作为外部人不能观察到代理人的行动，处于信息劣势，由此产生信息不对称。

信息不对称理论最早由 Kenneth J. Arrow（1963）提出，在 George Akerlof（1970）的《柠檬市场》中进一步阐述，即在信息不对称的市场环境下，卖方比买方掌握更多的信息，买方不知道产品的真正价值，只能根据市场平均价值进行估计，也只愿意支付平均价格，因此出售质量好的产品可能亏损，而出售质量差的产品获利。这就导致好的产品逐渐退出，形成柠檬市场（The market for lemons）。

本书研究与信息不对称理论有较强的关联。首先，信息不对称理论与民营化。无论是民营化的促进效应还是抑制效应都与信息不对称理论相关。在民营化的促进效应方面，Shleifer and Vishny（1994）和 Laffont and Tirole（1993）以政治观和经理人观两种理论解释民营化对企业效率的积极作用。其中经理人观是基于代理理论提出的。经理人观认为，国有企业股东很难对经理人实行有效的激励和监督，国有企业中高管契约的激励作用可能因信息不对称作用而受限，所以高管在经营决策中容易产生道德风险和机会主义行为。这是因为，政府作为国有企业的控股股东，为实现政治目标，政府会对国有企业经营造成干预，将资源配置在政治需要而非客户需要的产品和服务中。同时，国有企业高管可以以此作为理由，将自身决策失败或者谋取私利导致的亏损都归咎于政策性负担，而政府无法辨别这种道德风险是否存在。民营化后，政府干预民营化企业的成本增加，新的股东可以更好的监督和激励企业高管，从而缓解代理问题。在民营化的抑制效应方面，无论是否民营化，对于非上市公司来说，由于没有强制的信息披露机制和严格的资本市场监管，企业和信贷机构之间存在严重的信息不对称，这种信息不对称增加了企业向外部传递信息的成本，降低了企业的贷款议价能力，不利于企业融资。国有企业民营化前，由于企业承担着政策性任务，政府会给予一定的补贴和担保，资金充裕，而民营化后，政府与企业的关系被切断，资源优势也随之丧失，企业很可能面临融资约束。

其次，信息不对称理论与业绩考核制度。国有企业的股东和高管之间利益不一致，股东即政府目标是国有资产的保值增值，而高管目标是自身效用最大化。如果企业控制权完全由政府掌握，高管没有自由裁决权，经营将缺乏灵活性，不利于股东目标的实现。反之，如果放任高管经营决策，高管权力过大，股东掌握的信息不足，可能形成道德风险和逆向选择的问题。这就需要一定的激励机制，使高管和股东利益达到一致。业绩考核制度不仅关系到高管的薪酬水平，而且涉及高管晋升，可以达到薪酬激励和晋升激励双重激励效果，从而缓解代理问题。

最后，信息不对称理论与企业创新。创新具有风险大、失败率高、不可预测等特点，巨额的前期投入往往成为沉没成本，而创新成果转化为企业收益需要耗费较长的时间，因此，创新活动需要大量的资金进行长期投入来维持，仅仅依靠内源融资很难满足企业创新活动的资金需求。不过，企业创新投资的外部融资成本较高。这是因为，企业内部发明者与外部投资者之间存在信息不对称。为了避免创新产品被竞争对手模仿，企业极少披露也不愿意披露其创新活动的细节，外部投资者能够收集到的企业创新活动相关的信息较少，难以甄别企业创新项目的优劣，造成信息不对称。这种信息不对称使创新项目面临较高的风险溢价。

3.1.2 激励理论

由于信息不对称、利益不一致、权责不对等等问题，代理人更有动机追求自身利益最大化而损害股东利益，造成监督成本、守约成本和剩余损失，即代理成本。如果对于高管的激励机制中没有最大化股东权益方面的激励条款，那么高管不会按照股东的目标经营和管理企业。Jensen and Meckling（1976）指出高管薪酬与企业绩效应当挂钩，这样才能够建立委托任何代理人之间的最优薪酬契约。目前，已有大量文献检验了各个时期、各个经济体下的企业高管薪酬与绩效的关系，得出的结论不尽相同。此外，建立最优薪酬契约还需满足两个约束条件。第一，考虑管理者自身的利益。如果股东制定的薪酬契约损害了管理者的自身利益，管理者不会接受，即使接受，在信息不对称的情况下，也容易产生“逆向选择”和“道德风险”问题。所以契约必须符合代理人，即管理者的利益，也就是“激励相容”条件。第二，委托人为代理人提供的期望收益不小于其他委托人为代理人提供的期望收益，这也是符合代理人自身利益最大化目标的。其他委托人为代理人提供的期望收益是代理人的机会成本，只有高于代理人的机会成本，代理人才会签订契约，这是“参与约束”条件。

随着委托—代理理论的发展，Grossman and Hart（1986）提出不完全契约理论。不完全契约理论强调委托人和代理人签订的合约具有不完全性。该理论认为人是有限理性的，外部环境也具有不确定性，委托人和代理人不能预测未来可能发生的所有的事情，也无法向第三方证实这些或有事件，因此无法在订立契约时将所有可能发生的事情写进契约，也就是说，委托人和代理人订立的契约不能精确地描述所有未来可能发生的状况，也就无法准确地规定双方的权力和责任，所以契约必然是不完全的。一旦有契约中没有规定的状况发生，就需要根据“激励相容”和“参与约束”两个条件调整和再谈判，使事后的控制权配置达到总体福利最大化。业绩考核制度每三年进行一次变更，就是因为国有企业所面临的外部环境和企业的目标发生变化，国资委及时调整考核内容，激励高管按照该时期的目标约束自身行为。因此，业绩考核制度是一个动态的和不断完善的制度。

高管激励可以分为薪酬激励和晋升激励两种，以上分析主要围绕薪酬激励，而与晋升激励相关的理论是锦标赛理论，由经济学家 Lazear 和 Rosen 共同提出。锦标赛理论认为，高管晋升后不仅可以获得更高的有形收益，也可以获得更高的权力和声誉，因此，晋升对于高管具有很强的吸引力，是高管职业生涯规划中的重中之重。委托人根据不同高管之间的业绩相对差异择优晋升，可以激励高管按照晋升的要求约束自身行为。而且，锦标赛激励下高管个人能力高低的重要性远小于战胜竞争对手，相对绩效重于绝对绩效，也就是说，只要高管比其他高管优秀，就可以获得晋升。因此，这种方式下的晋升可以消除外部市场不确定性、行业因素等高管无法控制的因素对高管业绩考核的影响。根据锦标赛理论，只要委托人对不同层级的职位提供有一定差距的待遇，就能够保持高一层职位的吸引力，激发下级高管追求职务晋升，从而大大减少高管的机会主义行为。已有研究表明，按照锦标赛理论制定企业高管的薪酬契约，可以有效降低委托人对代理人的监督成本。

在 Lazear 和 Rosen 提出的锦标赛理论的基础上，周黎安（2004，2007）、Li and Zhou（2005）发展出中国政府官员的锦标赛理论，认为我国改革开放以来各地区经济的持续增长与锦标赛式的政治晋升密切相关。近年来，该理论延伸到国有企业向政府部门的晋升（Cao，2011；陈冬华，2011）。对于国有企业来说，政治晋升作为高管薪酬激励不足时的隐性激励机制发挥作用。尽管中央政府一直在推行政企分开以及国有企业去行政化改革，但国企负责人依然由各级党委组织部管辖，享受同等级别政府官员的待遇，并有机会晋升为政府官员。因此，国企的高管是“经理人”也是“政治人”。王曾等（2014）认为国企高管职业生涯存在“政治锁住”效应，为努力保住职位并争取晋升，国企高管很可能存在“政治迎合”的倾向。因此，在政治晋升激励下，高管注重中央政府的考核评价，以便能获得晋升。

3.2 创新理论

创新研究经历了从外生性分析到内生性分析的转变。最初系统讨论创新对经济增长作用的是熊彼特，而在熊彼特提出和构建创新理论后的很长一段时间，创新都被视为外生变量影响经济增长，直到 Romer 提出内生增长理论，将创新作为经济增长的内生因素进行研究。笔者主要阐述熊彼特的创新理论和 Romer 的内生增长理论。

3.2.1 熊彼特的创新经济学理论

在熊彼特系统的提出创新理论以前，亚当·斯密肯定了技术创新对经济增长的促进作用。他在《国富论》中强调分工是促进国家富裕的重要途径，分工不仅能够避免劳动岗位的变动、促进劳动者技能的不断提升，更重要的是分工能够有助于机械化设备的发明，从而减少劳动投入，提高劳动生产率，进而促进经济增长。可以说，亚当·斯密已经认识到技术进步对经济增长的重要作用，并在《国富论》中予以阐述。然而，技术创新的作用并没有因此受到经济学家的重视，也没有被纳入经济学框架中去讨论，经济学家仅将技术进步看作外生的、一成不变的因素。

熊彼特首次系统地提出和构建创新理论，将技术创新纳入经济学框架中讨论。他认为，资本主义经济增长的主要动力在于技术创新。熊彼特将创新定义为“新组合”，即创新通过将原始生产要素重新排列组合形成的新的生产方式，从而提高生产效率、降低劳动成本的一个经济过程。“创造性毁灭”和“企业家精神”是熊彼特提出的创新理论中最核心的观点。

创造性毁灭（Creative Destruction）是对新古典经济学中定义的静态均衡的一种干扰。熊彼特认为，技术创新在改变和替代以前存在的均衡状态，这是一种动态的均衡状态。技术创新一方面引入新的生产方法、生产新产品、打开新市场，并创造出新的价值，另一方面又在取代旧的生产方法、淘汰旧产品、毁灭旧价值，引发经济的周期性变化和资源的重新分配。这种创造新事物的同时毁灭旧事物的现象，被称为创造性毁灭。创造性毁灭的力度越大，创新的原创性和实质性越强。在熊彼特提出创新理论之前，主流经济学强调价格竞争，即建立在供求关系上的经济调节机制，而熊彼特的“创造性毁灭”形成的竞争，是产品竞争。现有文献已经充分验证得出，产品、过程、组织的创新是比价格竞争更好的竞争手段。可以说，“创造性毁灭”的提出是对新古典经济学的重要变革。

由于创新活动的不确定性，创新产出无法预测，创新本身也并非理性的，因此企业家会在创新中扮演一个重要的角色。这就是熊彼特所强调的“企业家精神”。熊彼特认为创新的主体是企业家，企业家精神主要体现在4个方面，第一，拥有建立私人商业帝国的目标和意志；第二，对胜利的渴望和热情高于利润和收益；第三，对创造存在极大的热情；第四，坚强的意志。不过，熊彼特认为企业家似乎不是一个稳定的阶层，当他们获得成功并进入资本家的队伍后，这种创新的开拓才能就随之消失了。因此，新组合（创新）一般体现在新企业中。

熊彼特提出和构建的“创新理论”是技术创新研究的起点，对未来的技术创新研究奠定了基础。不过，在熊彼特提出创新理论后的几十年间，技术进步的作用并没有得到主流经济学的重视，直到20世纪50年代，美国经济快速发展，传统的资本和劳动力无法解释经济增长，经济学家才意识到技术进步的作用。

3.2.2 内生增长理论

20世纪50年代，经济学家逐渐认识到创新对经济增长的重要作用。Solow（1956）在Harrod－Domar模型的基础上引入技术进步因素，并假设资本与劳动之间可以完全替代，而且生产的规模报酬不变，从而得出技术进步是影响长期经济增长的决定因素。但是，索罗模型仅仅将技术进步作为外生变量考虑，而且资本与劳动完全替代和生产的规模报酬不变假设不符合现实。

Romer（1986）将经济增长建立在内生技术进步上，创立内生增长理论。与以往边际报酬递减假定下的经济增长模型不同，Romer（1986）假定技术进步作为企业生产投入能够促进边际产出。Romer（1986）将技术进步作为内生变量嵌入均衡模型中，而且特别强调知识的重要性，认为企业高管前瞻性的知识积累是企业长期增长的重要因素。知识是资本的一种形式，与实物资本不同，知识具有边际产品递增的效应，知识带来的增长不存在边界和限制，即使其他投入（资本、劳动）保持不变，也不存在知识的最优投入量。不过，由于外部性和非排他性，知识也存在边际产品递减效应。因此，Romer（1986）的内生增长模型是竞争性均衡模型。

Romer（1990）进一步阐释了内生增长理论，该理论有3个基本前提，第一，技术进步是经济增长的核心。技术进步为资本积累提供动力，资本积累和技术进步共同决定了生产率的增长。第二，技术进步源于市场刺激下的有意识的反应，因此技术进步是内生的而不是外生的。第三，知识可以重复使用，无须追加成本。这3个前提意味着，技术创新既不是传统意义上的商品，也不是公共商品，而是部分排他性商品。Romer（1990）将知识分成两部分进行研究，一部分是人力资本，人力资本是竞争性的，另一部分是实物性的知识，隐含在原来的创新产品中，这部分是非排他性的。通过模型推导发现，第一，人力资本决定经济增长，人力资本存量越大，人力资本的生产率就越高，经济增长就越快，这意味着人口并不能决定经济增长，也解释了为什么人口众多的国家不一定有高经济增长。第二，技术进步率对利息率较敏感。第三，虽然技术创新体现在有形商品中，但对实物资本积累的补贴不如直接对研究部门的激励更有利于技术进步。

Romer的内生增长理论突破了新古典增长理论的局限，即技术外生和规模收益不变或递减，以技术内生和规模收益递增为起点，强调知识外溢、人力资本、研发等对于经济增长的重要性，很好的解释了一些经济增长事实。不过，内生增长理论忽略了制度对经济增长的影响，无法说明制度变迁对生产技术条件和经济增长的影响。即便如此，内生增长理论是现阶段创新研究的理论基础。

本书在研究业绩考核制度对企业创新的影响时，也研究了业绩考核制度实施前后的创新成果对企业绩效的影响，发现业绩考核制度实施后，不仅创新水平提高，创新成果对企业绩效的边际贡献也显著增加。这项结果验证了熊彼特等学者的理论，创新成果确实能够带来经济效益，而且也验证了内生增长理论，创新成果可能不受到边际递减效应的限制，甚至存在边际递增的结果。

本书的企业创新研究建立在以上所阐述的创新理论的基础之上，正是根据熊彼特、Solow、Romer 等经济学家推演、验证得出的结论：创新是经济增长的决定因素，笔者将企业创新视为企业的经济后果，创新水平提高意味着企业劳动生产率的增加以及企业价值的提高。因此，在研究国企改革对企业效率的影响时，笔者从企业创新的视角研究民营化和业绩考核制度对企业效率的作用。

第 4 章　民营化与企业创新

4.1　研究问题

民营化是否能够提高国有企业效率存在两种对立的观点。一种观点认为，民营化是解决国有企业低效率问题的重要手段。民营化不仅有助于减少政府对企业的控制和干预（Shleifer and Vishny，1994），而且有助于缓解代理问题，对企业经理人实行有效的激励和监督（张维迎，1999；Gupta，2005），激发企业家精神（Romero – Martínez et al.，2010）。另一种观点则认为，民营化降低了企业效率。当外部治理环境不完善时，民营大股东掏空企业获得控制权收益的成本较低（朱红军等，2007），快速大规模的民营化可能导致管理层和控股股东谋取私利、滋生腐败（Black and Tarassova，2000）。

现有文献从不同角度为以上两种观点提供了实证证据。一方面，很多研究发现，国有企业在民营化以后，盈利能力、销售能力、经营效率、员工生产率、企业风险承担水平、企业创新水平等显著提高（刘小玄，2004；胡一帆等，2006；余明桂等，2013；李文贵和余明桂，2015；Megginson et al.，1994；La Porta and López – de – Silanes，1999；Sun and Tong，2003；Gupta，2005；Boubakri et al.，2013；Tan et al.，2015）。另一方面，也有文献证明，民营化后企业的盈利能力、资产利用效率、企业创新效率显著下降（汤谷良和戴璐，2006；朱红军等，2007；钟昀珈等，2016；Chen et al.，2006）。

以上研究表明，有关民营化是否能够提高国有企业效率这一问题，现有的研究尚未取得一致结论。而且，这些研究忽视了国有企业的资源优势和民营企业的融资约束问题：国有企业比民营企业具有更强的政治关联，更能受到政府的支持和保护（Qian，1994），更容易从国有银行获得贷款并且贷款成本更低（Brandt and Li，2003）。而国有企业民营化后，尤其是完全民营化以后（企业的控制权由政府转移到私有投资者），政府对国有企业的政策支持和保护被切断，企业的资源优势大大减弱，甚至在贷款时受到信贷歧视（李广子和刘力，2009；Brandt and Li，2003），导致融资约束。

本书拟研究民营化对企业创新的影响。特别地，笔者关注国有企业民营化后融资约束以及地区金融发展对企业创新的影响。从理论上来说，民营化对企业创新可能具有正反两方面的作用。一方面，民营化降低了政府对企业的政治干预，减少了企业的政策性负担，企业的经营目标不再是服从于政府或者官员，而是企业价值最大化（Boycko et al.，1996）。同时，民营化缓解了国有企业的代理问题，使企业更有动力完善公司治理机制，从而提高企业的风险承担能力和创新积极性（余明桂等，2013；李文贵和余明桂，2015；Boubakri et al.，2013）。另一方面，创新具有风险大、失败率高、不可预测、耗费时间长等特点，需要大量的资金来维持长期的投入（解维敏和方红星，2011；唐清泉和巫岑，2015；Hall，2002；Hottenrott and Peters，2012）。同时，创新过程具有高度的信息不对称，且创新产出一般是无形的，价值评估的难度大，因此，创新产出难以作为抵押品获得银行信贷，创新活动的融资成本较高（鞠晓生等，2013；卢馨等，2013；Hall，2002；Brown et al.，2009）。所以，如果民营化后企业的资源优势减弱，融资受限，企业的创新活动也会受到限制。

4.2　理论分析与研究假设

现有理论表明，民营化既可能促进，也可能抑制企业创新。笔者分别从理论上分析这两种对立的效应。

（1）促进效应。大量文献表明，民营化可以提高企业效率。例如，La Porta and López-de-Silanes（1999）以墨西哥民营化企业为样本发现，民营化后企业盈利能力、经营效率、企业产出和税收缴纳显著增加，但员工人数显著减少。Gupta（2005）以印度部分民营化的企业为研究对象，发现国有企业部分民营化后，盈利能力、劳动生产率、研发投资支出和固定资产支出增加。Boubakri et al.（2016）以44个国家406家非金融企业为样本，发现完全民营化后企业的风险承担水平、盈利能力和成长性显著提高。

以上文献以政治观（Political View）和经理人观（Managerial View）对民营化的积极影响进行了理论解释。政治观认为，国有企业的控制人是政府，政府利用国有企业实现其政治目标，导致国有企业受到干预，将资源配置在政治需要而非客户需要的产品和服务上（Shleifer and Vishny，1994）。经理人观认为，国有企业股东很难对经理人实行有效的激励和监督，国有企业中高管契约的激励作用可能因信息不对称作用而受限，所以高管在经营决策中容易产生道德风险和机会主义行为（Laffont and Tirole，1993）。

根据政治观和经理人观，完全民营化对企业创新可能存在促进作用，原因主要有以下两点。

①完全民营化有助于降低政府对企业的干预。根据政治观，政府通过干预国有企业的经营决策来实现稳定社会、扩大就业等目标，从而使政府官员在竞选中取得优势（Boycko et al.，1996；Boubakri et al.，2013），但是，政府干预下的企业经营决策可能与企业价值最大化的目标是相悖的，很多文献已经证明了政府干预导致的雇员冗余以及国有企业政策性负担会损害投资效率和企业价值（林毅夫等，2004；曾庆生和陈信元，2006；唐雪松等，2010；杨德明和赵璨，2016）。Fogel et al.（2008）认为政府通过维持企业稳定来达到稳定就业和社会平等的目标，因此，受到政府干预的企业更倾向于保守的投资策略。Boubakri et al.（2013）检验发现，政府干预使国有企业倾向于选择保守的投资策略，而放弃高风险的投资项目。创新具有消耗时间长、风险大、不确定性强的特征（Hirshleifer et al.，2012），Fogel et al.（2008）和Boubakri et al.（2013）的结果意味着，政府干预下的国有企业可能会放弃投资高风险的创新项目，从而不利于企业的长期发展。

民营化后，国有企业的控制权在私有投资者和政府部门之间进行重新分配，尤其是完全民营化后，企业的控制人由政府转移到私有投资者，政府干预民营化企业的成本增加（Boycko et al.，1996），这可以有效的减少政府干预对企业经营决策的影响。余明桂等（2013）和Boubakri et al.（2013）发现，民营化后企业的风险承担水平显著提高。这说明，国有企业民营化后，新的控股股东在投资决策中会更多地考虑企业价值最大化，并愿意为此承担更高的风险。创新是提高企业生产率和促进企业未来发展的关键（Hsiao，2014），因此，相比于国有企业，民营化企业更有动力进行研发和创新。

②完全民营化有助于完善公司治理机制。根据经理人观，政府作为国有企业的控股股东，很难对管理者实行充分的监督，而且，国有企业更多的是根据政治目的，而不是管理能力进行高管选拔，这使国有企业由经济组织转化为政治组织，诱使高管人员将时间和精力耗费在权力斗争，而非用于生产性活动（张维迎，2000），因此，国有企业既缺乏有效的监督，又缺乏充分的激励。在这种较差的公司治理机制下，一方面，国有企业的管理者很可能利用企业资源去获取个人利益，并为了保证私有收益的稳定而放弃高风险的投资项目（Join et al.，2008）。另一方面，高风险项目不确定性强、失败率高，出于职业生涯和声誉的考虑，管理者也倾向于选择保守的投资项目（Hirshleifer and Thakor，1992）。因此，基于经理人观，国有企业缺乏创新的动力。

完全民营化后，国有企业的控制权和现金流权转移到民营企业或者私人手中，新的股东以企业价值最大化为目标，更可能建立有效的公司治理，加强对管理层的监管，制订有效的薪酬契约，选拔具有管理才能的经理人担任企业高管（李新春等，2006；Dyck，1997），发挥企业家精神在公司治理中的作用。因此，完全民营化企业更有动机提高企业创新水平，最终促进企业投资更多的创新项目。

鉴于以上分析，笔者提出假设 H1：完全民营化能够促进企业创新。

（2）抑制效应。创新具有风险大、失败率高、不可预测等特点，巨额的前期投入往往成为沉没成本，而创新成果转化为企业收益需要耗费较长的时间，因此，创新活动需要大量的资金进行长期投入来维持（解维敏和方红星，2011；唐清泉和巫岑，2015；Hall，2002；Hottenrott and Peters，2012）。但是，仅仅依靠内源融资很难满足企业创新活动的资金需求，外部融资也成为企业创新活动资金的重要来源（张杰等，2012；Hall，2002）。

然而，企业创新投资的外部融资成本较高。这是因为，第一，企业内部发明者与外部投资者之间存在信息不对称。为了避免创新产品被竞争对手模仿，企业极少披露也不愿意披露其创新活动的细节，外部投资者能够收集到的企业创新活动相关的信息较少，难以甄别企业创新项目的优劣，造成信息不对称。这种信息不对称使创新项目面临较高的风险溢价（Hall and Lerner，2010）。第二，创新项目带来的知识资产是无形的，它更多的体现在人力资本中，而银行和其他债权人更倾向于以实物资产作为抵押品，因此，当企业投资项目中包含大量创新项目而非厂房和设备投资时，银行不愿意向企业贷款（David et al.，2008）。可以说，由于这些不同于一般投资活动的特点，创新活动面临较大的融资缺口（Hall and Lerner，2010）。

同时，本书所研究的是更具有代表性的非上市公司①，而非上市公司本身的外部融资成本就很高（Brav，2009）。一方面，非上市公司往往具有较高的股权集中度，企业控制权由少数几个股东掌握（中山大学管理学院课题组，2008），他们一般很少向小股东披露企业信息，容易造成大股东对小股东的利益侵占，因此小股东可能不愿意购买非上市公司的股份，使非上市公司的股权融资成本提高（Brav，2009）。另一方面，非上市公司缺乏资本市场的监管，不需要对外公开企业的财务信息，所以信息透明度不高（Easterbrook and Fischel，1986），这种信息不对称增加了企业向外部传递信息的成本，降低了企业的贷款议价能力（Saunders and Steffen，2011），使企业的外部融资成本提高。因此，相对于上市公司，非上市公司的创新活动可能面临更严重的融资约束。

国有企业在完全民营化后，由于企业性质的改变，企业的外部融资环境会发生变化，而这种变化可能进一步加重创新活动受到的融资约束：第一，根据国有企业预算软约束理论，国有企业更容易获得政府补贴和信贷等资源（江伟等，2006；Lin et al.，1998；Megginson et al.，2014）。由于信息不对称，国有企业可以以自身承担社会责任导致企业经营失败为由，要求国有银行给予贷款或者政府给予补贴，而政府无法辨别这种道德风险是否存在，只能无限制的利用国有银行向国有企业输送资金（林毅夫等，1997）。同时，政府给予国有企业隐形的贷款担保（解维敏和方红星，2011），使国有企业获得了更充足的资源。与之相反，民营化后，政府不再是企业的大股东，不再干预企业的运行，也无需为企业提供补贴和担保，补贴和信贷的锐减很可能加剧非上市民营化公司的融资约束，使企业缺乏充足的资金进行创新。

第二，从信贷歧视角度来说，民营企业与国有企业在银行信用获取方面有显著差别（余明桂和潘红波，2010），相对于国有企业，民营企业从银行获取贷款要承担更高的成本（Brandt and Li，2003）。一方面，正如前文所说，国有企业受到政府的隐形保护，在陷入财务困境时更容易获得政府的资助，所以国有企业的债务违约风险较小（Chen et al.，2010），而民营企业没有这样的

① 截至2016年4月，我国上市公司仅有2800余家，本书整理2005—2011年的工业企业数据库发现，没有数据缺失的非上市公司共346980家，显然非上市公司更具有代表性。

"优待"，因此民营企业比国有企业具有更高的财务风险。另一方面，国有企业存续时间长，与银行的合作时间也长，银行掌握了较全面的国有企业信息，而相反，银行对民营企业则存在较严重的信息不对称（方军雄，2007），因此，国有银行审批贷款时会充分考虑企业的所有权性质，使民营企业受到信贷歧视。国有企业完全民营化后，企业的所有权性质发生变化，在进行银行贷款时，不可避免的受到企业所有权的限制。李广子和刘力（2009）研究发现，上市公司民营化后债务融资成本上升，这意味着，国有企业民营化后受到严重的信贷歧视。

从以上分析不难看出，原本就可能存在融资约束的非上市国有企业，在民营化后，不但失去了政府的扶持和担保，还因为企业性质转变为民营而受到信贷歧视，这些都可能加重企业的融资约束，扩大企业创新活动的融资缺口。

另外，还有两种原因可能导致民营化企业的创新水平下降。第一个原因是技术人员的流失。根据资源基础理论，人力资本是企业发展的源泉（Acedo et al.，2006），参与创新的技术人员对企业创新活动的顺利进行具有至关重要的作用（Hall and Lerner，2010）。技术人员的薪酬福利和工作环境是企业吸引和保留技术人才的重要方式（贺伟和龙立荣，2011），而国有企业的工资水平显著高于民营企业（张车伟和薛欣欣，2008；陆正飞等，2012），这使国有企业更能吸引大量的技术人才流入。民营化后，企业获取外部资源的优势逐渐丧失，技术人员的薪酬福利可能会有所降低，同时，民营化过程中还伴随着大量的裁员，这就导致技术人员离职或被解雇，从而大大降低企业的创新能力。

第二个原因是高管的风险规避。虽然民营化可以缓解监管不足和激励不足的问题，但民营化后可能依然存在代理问题。民营化后政府对企业的干预减少，企业的控制权可能转移到管理层手中，尤其对于以管理层收购和员工收购来完成民营化的企业。这类企业在民营化后管理层通常不会有太大变动（武常岐和韩煦，2011；Wright et al.，1993），而且管理层权力较大，容易形成内部人控制问题。此时，治理结构中的监管机制很难发挥作用。民营化企业的管理层很可能出于更安全的追求私有收益的原因，放弃高风险但净现值为正的投资项目（Join et al.，2008），创新具有不确定性强、失败率高、耗费时间长等特点，基于风险规避的动机，民营化企业高管可能会放弃高风险的创新项目。

鉴于以上分析，笔者提出与假设H1相竞争的假设H2：完全民营化抑制企业创新。

4.3 研究设计与样本选择

4.3.1 样本选择与数据来源

本书数据来源于国家统计局2005—2011年中国工业企业数据库，该数据库包含了分布在31个省、自治区和直辖市的所有国有企业和规模以上（年主营业务收入在2000万元以上）的非国有工业企业。工业企业数据中同一公司在不同年度可能具有不同的公司名称和公司ID，笔者根据Brandt et al.（2012）的做法，对工业企业数据进行以下处理：第一，若公司名称相同而公司ID不同或者公司ID相同而公司名称不同，则根据公司所在省、电话号码、邮政编码、行业代码、主营产品、开工时间等企业基本信息辨别是否是同一家公司，如果是，统一代码；第二，2008年企业ID这一变量缺失，根据前后年度公司名称、公司所在省等企业基本信息补充企业ID，然后删除企业ID依然缺失的数据；第三，删除企业总资产小于0、资产负债率小于0或者大于1、成立时间在1949年以前、所在地不详的企业数据；第四，删除上市公司样本①；第五，删除中间年度数据缺失的企业数据，以保证企业数据的连续性。

根据数据库中的企业性质代码，如果企业性质为国有独资、国有联营、国有集体，笔者将其界定为国有企业，否则为民营企业。然后，笔者提取2005—2011年间企业性质由国有转变为民营的样本以及企业性质保持国有不变的样本作为本书的研究对象，共8020家企业，其中国有企业6381家，完全民营化企业1639家，共47579个观测值。

4.3.2 研究设计

为了检验完全民营化对企业创新的影响，笔者拟采用双重差分法（Differ-

① 笔者也采用深沪A股所有上市公司的数据进行了检验，发现上市公司中的国有企业完全民营化后，企业的创新水平虽有一定程度的下降，但是在统计意义上不显著。这很有可能是因为上市公司除了内源融资和债权融资外，还有股权融资渠道，因此受到融资约束的可能性较小。所以，在采用工业企业数据库进行本书的检验时，笔者剔除了工业企业数据库中的上市公司样本，仅研究非上市工业企业的民营化对企业创新的影响。

ence - in - Differences，简称 DID）检验假设。这种方法可以帮助笔者估计出国有企业民营化前后的创新水平的变化，以及这种变化是否显著异于同时期内没有民营化的企业的创新水平的变化。

为了检验假设，笔者将待检验的模型设定为：

$$Innovation = \alpha + \beta_1 Transform + \beta_2 After + \beta_3 Transform \times After + \beta'_4 X + \varepsilon \quad (4-1)$$

笔者首先以 8020 家企业样本进行动态 DID 检验，以完全民营化企业为实验组，以国有企业为对照组。模型（4 - 1）中，Transform 是区分实验组和对照组的虚拟变量，实验组为 1，对照组为 0。Transform × After 表示民营化前后与是否为实验组的交互项，其中实验组民营化后为 1，其余为 0。由于样本时间区间为 2005—2011，民营化可能发生在 2006—2011 年。在这个回归中，对照组的国有企业没有进行民营化，而且实验组民营化的时间是动态的，无法为对照组设置一个固定的时间，因此忽略事件发生的时间变量 After。① 如果民营化促进了企业创新，那么 β3 应显著为正，反之，则显著为负。

运用双重差分法的前提，除了平行趋势以外，还要求实验组和对照组的选择是随机的（Bertrand et al.，2004）。刘小玄（2003）认为民营化是企业利益相关者对产权关系的调整，胡一帆等（2006）发现企业绩效较好的企业优先被民营化。因此，实验组和对照组的区分可能存在自选择问题。笔者进一步采用倾向匹配分析的方法（Propensity Score Matching，简称 PSM）对实验组和对照组进行匹配，一方面解决 DID 检验中可能存在的自选择问题，另一方面为对照组企业样本确定一个虚拟的民营化发生时间，以便按照模型（4 - 1）进行假设检验。笔者以企业规模、资产负债率、企业绩效、管理费用率、固定资产比率作为匹配变量，以实验组民营化事件发生前一年为匹配年度进行 1∶3 最近邻匹配，并确定事件发生前后 3 年为检验区间。由于存在重复匹配，即对照组中一家企业被选中多次的情况，笔者最终保留 670 家民营化企业作为实验组，以及 1013 家国有企业作为对照组，共 10098 个观测值。与混合样本 DID 相同，如果民营化促进了企业创新，那么 β3 应显著为正，反之，则显著为负。

在模型（4 - 1）中，Innovation 是企业创新变量，笔者以企业年度新产品产值占

---

① 我们以企业性质由国有转变为民营的当年作为民营化后的第一年，如 2006 年民营化的企业样本是在 2005 年是国有企业性质而在 2006 年是民营企业性质的样本，那么 After 在 2006—2011 年为 1，在 2005 年为 0。2011 年民营化的企业样本是在 2005—2010 年是国有企业性质而在 2011 年是民营企业性质的样本，那么 After 在 2011 年为 1，在 2005—2010 年为 0。考虑到民营化当年企业财务数据的非正常波动，在稳健性检验中，笔者删除掉民营化后第一年的数据进行 DID 检验。

营业收入的比例来衡量。采用新产品产值作为创新代理变量的原因主要有以下两点：

第一，新产品产值表示的是已经被市场接受的技术创新成果，比研发投入和专利数量都更直接的反映企业创新成果。彭向和蒋传海（2011）认为，新产品产值实际是以每个创新的市场价值为权重的加权和，它一定程度上综合反映了创新的数量和质量。根据现有文献，彭向和蒋传海（2011）、林炜（2013）、肖文和林高榜（2014）、李文贵和余明桂（2015）以及杨洋等（2015）等都是以新产品产值作为企业创新产出的代理变量。因此，笔者选择新产品产值来衡量企业创新。

第二，新产品产值既反映了企业自主创新的技术成果，也反映了外部引进的技术成果。并购与创新的相关研究认为，除了企业的自主研发外，并购也是企业获取创新的一条途径（Hitt et al.，1991；Veugelers and Cassiman，1999；Rhodes - Kropf and Robinson，2008；Sevilir and Tian，2012；Bena and Li，2014）。企业可以选择已经具备一定创新能力的企业创新效率高的目标公司实施并购，这样不仅为企业带来高质量的研发人员和高水平的技术管理手段，其已经具备的创新能力可以迅速提高企业的创新水平。正如审稿专家所说，笔者所采用的新产品产值指标不仅包含了企业自主研发所产生的创新成果带来的销售收入，还包含了外部渠道，如购买引入、并购等的创新成果带来的销售收入，因此更加全面地反映企业的创新水平。

X 是有多个控制变量构成的向量。根据以往文献（李文贵和余明桂，2015；Tian and Wang，2014；Hsu et al.，2014；Jia et al.，2016），本书加入以下控制变量：①企业规模（Size），定义为企业年末总资产的自然对数。②资产负债率（Lev），定义为年末总负债除以年末总资产。③企业绩效（Roa），定义为企业利润总额除以年末总资产。④管理费用率（Adm），定义为企业年末管理费用除以营业收入。⑤固定资产比率（Far），定义为年末固定资产除以年末总资产。此外，本书还设置了年度虚拟变量（YearD）和行业虚拟变量（IndustryD）。

4.4 实证检验

4.4.1 描述性统计分析

表 4 - 1 报告了混合 DID 检验样本和匹配后 DID 检验样本的描述性统计特

征，所有连续变量在 1% 水平上进行缩尾处理（Winsorize）。表 4－1 中，Panel A 是混合样本的描述性统计，Panel B 是匹配后样本的描述性统计。笔者发现，Panel A 和 Panel B 的 Innovation 变量中位数均为 0，说明在 2005—2011 年间至少有一半的样本没有新产品产出。Panel A 和 Panel B 中所有变量的最大值和最小值基本相同，均值、中位数和标准差差异不大，说明匹配后的样本选择基本上没有偏差。

表 4－1　　描述性统计

Panel A　混合样本描述性统计						
变量	样本数	均值	标准差	最小值	中位数	最大值
Innovation	47579	0.030	0.123	0	0	0.823
Size	47579	11.398	1.575	7.439	11.345	14.022
Lev	47579	0.561	0.228	0.020	0.581	0.963
Roa	47579	0.053	0.123	－0.139	0.021	0.953
Adm	47579	0.082	0.087	0.002	0.058	0.540
Far	47579	0.366	0.289	0	0.339	0.901
Panel B　匹配后样本描述性统计						
变量	样本数	均值	标准差	最小值	中位数	最大值
Innovation	10098	0.031	0.126	0	0	0.823
Size	10098	10.929	1.574	7.439	10.791	14.022
Lev	10098	0.555	0.231	0.020	0.574	0.963
Roa	10098	0.055	0.12	－0.139	0.02	0.953
Adm	10098	0.088	0.091	0.002	0.061	0.540
Far	10098	0.364	0.272	0	0.335	0.901

表 4－2 列出了实验组和对照组在民营化前后的创新水平差异。对照组民营化前后创新水平的均值分别为 0.030 和 0.031，民营化后创新水平有所提高但不显著。实验组民营化前后创新水平的均值分别为 0.037 和 0.028，民营化后的创新水平在 5% 水平上显著下降。进而，笔者以实验组的差异减去对照组的差异，得到的是消除时序影响的民营化带来的创新水平的变动。第（7）列显示，创新水平的均值在 5% 水平上显著，该结果表明，相对于没有进行民营化的国有企业，民营化企业的创新水平显著降低，初步支持假设 H2。

表 4 – 2　　　　　　　　　　单变量分析

	对照组		实验组		差异		Difference in Differences
	民营化前 (1)	民营化后 (2)	民营化前 (3)	民营化后 (4)	(5) = (2) – (1)	(6) = (4) – (3)	(7) = (6) – (5)
Innovation (均值)	0. 030	0. 031	0. 037	0. 028	0. 001 (0. 345)	–0. 009** (–2. 222)	–0. 010** (–1. 98)
样本数	3039	3039	2010	2010	3039	2010	

4. 4. 2　检验结果与分析

4. 4. 2. 1　双重差分检验结果

图 4 – 1 为实验组民营化企业和对照组国有企业的平行趋势图，从图中可以看出，民营化企业和国有企业的创新变化趋势在民营化之前基本上是平行的，因此可以采用双重差分法进行实证检验。同时，国有企业在民营化之后的创新上升趋势放缓甚至下降，低于国有企业的创新水平，因此，民营化可能导致企业创新水平下降，支持假设 H2。

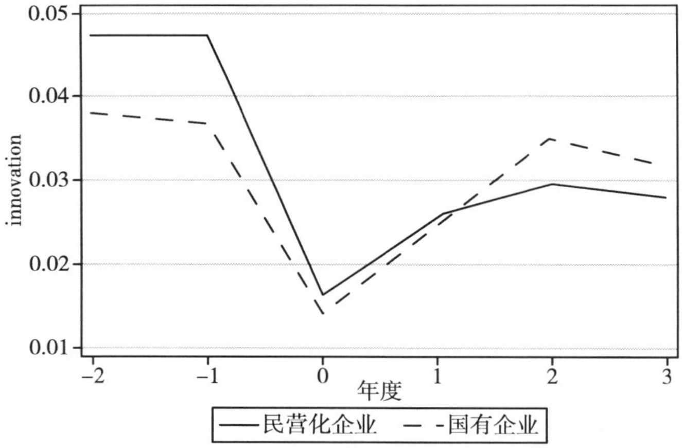

图 4 – 1　平行趋势图

表 4 – 3 列出了完全民营化是否影响企业创新的检验结果。第（1）至第（4）列为混合样本的 DID 结果，其中，第（1）列为没有控制各企业特征的 OLS

回归结果，第（2）列为控制了企业特征的 OLS 回归结果，第（3）列为没有控制各企业特征的面板固定效应结果，第（4）列为控制了企业特征的面板固定效应结果。由于混合样本的对照组没有区分民营化前后，因此忽略 After 项，在固定效应回归中，由于 Transform 变量不随时间的改变而改变，因此也被忽略。第（1）至第（4）列的交互项 Transform × After 系数 β3 在 1% 水平上显著为负，说明混合样本 DID 结果显著支持假设 H2。第（5）至第（8）列为匹配后样本的 DID 结果，β3 在 1% 水平上显著为负，与（1）至第（4）列结果相同，说明匹配后样本的 DID 结果也支持假设 H2，即民营化抑制了企业创新。

表 4－3　　完全民营化与企业创新

	(1)	(2)	(3)	(4)	(5)	(6)	(7)	(8)
Constant	0.003 (1.36)	−0.217*** (−36.44)	0.020** (2.36)	−0.022* (−1.68)	0.004 (0.59)	−0.201*** (−15.13)	0.035** (2.56)	−0.084*** (−3.59)
Transform	0.001 (0.38)	0.011*** (5.60)			0.001 (0.22)	0.002 (0.46)		
After					0.001 (0.34)	−0.006* (−1.90)	0.001 (0.48)	−0.002 (−0.77)
Transform × After	−0.007*** (−2.99)	−0.010*** (−4.16)	−0.011*** (−5.74)	−0.011*** (−5.21)	−0.015*** (−2.99)	−0.014*** (−2.93)	−0.018*** (−4.53)	−0.013*** (−3.16)
Size		0.017*** (42.33)		0.003*** (4.38)		0.017*** (17.93)		0.009*** (5.84)
Lev		0.007*** (3.03)		0.000 (0.08)		0.003 (0.67)		0.019*** (2.74)
Roa		0.008* (1.77)		−0.014*** (−3.01)		0.025** (2.43)		−0.014 (−1.25)
Adm		0.075*** (11.37)		0.029*** (3.89)		0.094*** (6.76)		0.049*** (2.98)
Far		−0.003 (−1.33)		0.001 (0.68)		0.001 (0.21)		0.004 (0.73)
行业固定效应	Yes	Yes	Yes	Yes	Yes	Yes	Yes	Yes
个体固定效应	No	No	Yes	Yes	No	No	Yes	Yes
N	47579	47579	47579	47579	10098	10098	10098	10098
R^2	0.091	0.125	0.008	0.009	0.093	0.293	0.022	0.027
F	118.424	150.47	8.4	8.228	25.129	10.636	4.796	5.349

注：***、**、* 分别表示 1%、5%、10% 的显著性水平，括号中的数字为双尾检验的 t 值。

4.4.2.2 稳健性检验

①采用民营化前后两期 PSM 匹配样本进行检验。本书样本区间是 2005—2011 年，采用民营化前后 3 期进行 DID 检验，则民营化事件发生在 2008—2009 年，采用前后两期进行 DID 检验，则民营化事件发生在 2007—2010 年，相对更加分散。表 4 - 4 列出了 PSM 匹配的民营化前后两期 DID 回归结果，除第（2）列外，交互项 Transform × After 系数 β3 在 1% 或者 10% 水平上显著为负，结果不存在实质性的改变。

表 4 - 4　　　　民营化前后两期匹配 DID 回归

	(1)	(2)	(3)	(4)
Constant	0.005 (0.80)	-0.175*** (-13.28)	0.032** (2.02)	-0.069** (-2.43)
Transform	0.001 (0.26)	0.002 (0.59)		
After	-0.002 (-0.75)	-0.008** (-2.48)	-0.002 (-0.90)	-0.004 (-1.57)
Transform × After	-0.009* (-1.78)	-0.002 (-0.41)	-0.012*** (-2.64)	-0.008* (-1.73)
Size		0.015*** (17.16)		0.008*** (4.20)
Lev		0.007 (1.37)		0.014* (1.76)
Roa		0.005 (0.44)		-0.015 (-1.16)
Adm		0.053*** (3.86)		0.031* (1.65)
Far		-0.019*** (-3.35)		0.004 (0.51)
行业固定效应	Yes	Yes	Yes	Yes
个体固定效应	No	No	Yes	Yes
N	9066	9066	9066	9066
R^2	0.092	0.122	0.021	0.024
F	22.724	27.786	3.665	3.789

注：***、**、* 分别表示 1%、5%、10% 的显著性水平，括号中的数字为双尾检验的 t 值。

②采用研发费用、专利总量、无形资产增量作为创新的代理变量进行检验。根据现有文章，笔者选取多个指标作为创新的代理变量进行相关分析。本书在实证检验中使用的是新产品产值指标，在这里，笔者采用研发费用、专利总量和无形资产增量作为企业创新的代理变量进行检验。

第一，研发费用。由于工业企业数据库数据缺失很严重，仅 2005—2007 年含有研发数据，因此，笔者仅以 2005—2007 年的企业为样本检验民营化对企业创新的影响，笔者以 2006 年进行民营化的企业为实验组，以没有进行民营化的国有企业为对照组进行双重差分检验，结果如表 4 – 5 中第（1）、第（2）列所示。其中，Transform 表示是否为实验组，实验组为 1，对照组为 0。After 表示民营化前后，民营化后为 1，民营化前为 0，在这里，笔者选择 2006 年发生民营化的企业作为实验组，因此，2006—2007 年为 1，2005 年为 0。交互项 Transform × After 系数表示相对于没有民营化的国有企业，民营化企业在民营化发生前后的差异。第（1）列是控制个体效应的结果，笔者发现交互项 Transform × After 系数显著为负。这说明民营化后企业的研发支出显著降低。笔者进一步采用倾向得分匹配（PSM）的方法选择与实验组特征相似的对照组，以缓解可能存在的自选择问题，结果如表 4 – 5 中第（2）列所示，交互项系数显著为负，说明在控制了自选择问题后，结果没有发生改变，民营化后企业研发支出显著降低。

第二，专利总量。由于企业专利需要手工收集，笔者在佰腾科技网（http：//www. baiten. cn/）收集了本书中已经采用 PSM 匹配后的企业的专利数据，来检验民营化对企业专利数的影响。根据现有文献，笔者分别以发明专利、实用新型和外观设计三项专利和以及发明专利数作为创新的代理变量。结果如表 4 – 5 第（3）、第（4）列所示。其中，第（3）列是以专利总数的对数作为被解释变量，第（4）列是以发明专利数的对数作为被解释变量。交互项 Transform × After 系数表示民营化对企业创新的影响。笔者发现，无论采用专利总数还是发明专利数作为创新的代理变量，交互项系数都是显著为负的。这个结果依旧可以说明，完全民营化抑制了企业创新。

第三，无形资产增量。鞠晓生等（2013）采用无形资产增量作为企业创新的代理变量。由于工业企业数据库中仅有 1998—2007 年无形资产的数据，因此，笔者以 1998—2007 年为样本区间，以无形资产增量与期初总资产的比值作为企业创新的代理变量，检验了完全民营化对企业创新的影响。结果如表 4 – 5 第（5）、第（6）列所示。第（5）是没有进行 PSM 但控制了企业个体效应的双重差分结果。第（6）列是进行了 PSM 并控制了企业个体效应的双重差分结果。结果显示，无论采用何种方法，交互项 Transform × After 系数都显著为负。因此，采用无形资产增量表示企业创新依然可以得到完全民营化抑制企业创新的结果。

表 4－5　以研发费用、专利、无形资产增量作为创新的代理变量检验完全民营化对企业创新的影响

	(1)	(2)	(3)	(4)	(5)	(6)
Constant	-0.008 (-0.61)	-0.008 (-0.62)	4.915 (1.47)	1.366 (1.22)	0.008 (0.46)	-0.082* (-1.89)
Transform						
After		0.001 (1.13)	1.639*** (5.27)	0.502*** (4.80)		-0.008*** (-3.94)
Transform × After	-0.001* (-1.70)	-0.002* (-1.69)	-0.951* (-1.78)	-0.311* (-1.73)	-0.006*** (-4.01)	-0.007* (-1.78)
Size	0.001** (2.10)	0.001 (0.71)	-0.331 (-1.47)	-0.096 (-1.27)	-0.001 (-1.10)	0.009*** (2.85)
Lev	-0.001 (-0.75)	0.000 (0.08)	0.480 (0.50)	0.237 (0.73)	-0.003 (-1.30)	-0.026*** (-3.56)
Roa	0.000 (0.19)	0.002 (0.68)	0.686 (0.41)	0.272 (0.49)	-0.014*** (-2.97)	-0.019 (-1.25)
Adm	0.011*** (5.18)	0.016*** (3.16)	-0.476 (-0.21)	-0.007 (-0.01)	-0.015*** (-2.73)	0.005 (0.25)
Far	-0.001 (-0.59)	-0.000 (-0.16)	-0.593 (-0.64)	-0.255 (-0.83)	0.005** (2.44)	-0.006 (-0.87)
行业固定效应	Yes	Yes	Yes	Yes	Yes	Yes
个体固定效应	Yes	Yes	Yes	Yes	Yes	Yes
N	13602	4062	9088	9088	38247	3160
R^2	0.005	0.013	0.008	0.007	0.003	0.021
F	1.245	1.326	1.294	1.145	1.737	1.872

注：***、**、*分别表示1%、5%、10%的显著性水平，括号中的数字为双尾检验的 t 值。

总之，无论采用新产品产值、研发支出、专利还是无形资产增量，笔者都可以得出完全民营化抑制企业创新。这说明笔者在文章中得到的检验结果是稳健的。

③创新产出可能具有一定的滞后性，因此笔者采用未来一期的新产品产出作为创新的代理变量进行稳健性检验。表 4 – 6 列示了检验结果。因数据所限，笔者仅采用 2005—2010 年样本进行检验，即新产品产出的数据来源于 2006—2011 年，部分企业样本为民营化事件发生前 3 期和后 2 期的样本，因此，样本量比表 4 – 3 中的样本量少。从表 4 – 6 中可以看出，交互项 Transform × After 系数 β3 在 1%、5% 或者 10% 水平上显著为负，结果与表 4 – 3 的结果一致。

表 4 – 6　以未来一期新产品产出作为创新代理变量的检验结果

	(1)	(2)	(3)	(4)	(5)	(6)	(7)	(8)
Constant	0.004 (1.62)	-0.205*** (-32.41)	0.027*** (3.17)	0.004 (0.28)	-0.001 (-0.08)	-0.182*** (-12.90)	0.013 (0.85)	-0.043* (-1.68)
Transform	-0.001 (-0.65)	0.008*** (4.10)			-0.001 (-0.41)	-0.001 (-0.18)		
After					0.008** (2.43)	0.004 (1.15)	0.008*** (3.28)	0.007*** (2.85)
Transform × After	-0.005* (-1.88)	-0.008*** (-2.95)	-0.004** (-2.06)	-0.003* (-1.67)	-0.013** (-2.40)	-0.010* (-1.90)	-0.010** (-2.35)	-0.008* (-1.78)
Size		0.017*** (39.42)		0.002** (2.17)		0.015*** (15.27)		0.004** (2.55)
Lev		0.006** (2.44)		0.001 (0.44)		-0.000 (-0.08)		0.005 (0.68)
Roa		0.013*** (2.58)		-0.006 (-1.25)		0.025** (2.24)		-0.005 (-0.42)
Adm		0.061*** (8.77)		0.014* (1.94)		0.070*** (4.83)		0.012 (0.71)
Far		-0.015*** (-5.65)		0.005 (1.63)		0.003 (0.46)		0.008 (1.10)
行业固定效应	Yes	Yes	Yes	Yes	Yes	Yes	Yes	Yes
个体固定效应	No	No	Yes	Yes	No	No	Yes	Yes
N	39559	39559	39559	39559	8415	8415	8415	8415
R^2	0.089	0.125	0.004	0.004	0.084	0.258	0.008	0.009
F	96.081	124.937	3.065	2.937	18.774	7.363	1.397	1.418

注：***、**、* 分别表示 1%、5%、10% 的显著性水平，括号中的数字为双尾检验的 t 值。

④安慰剂检验。笔者采用安慰剂检验（Placebo Test）检验本书结果的稳健性。根据 Bertrand and Mullainathan（2003）、Roberts and Toni（2013）、Agrawal（2013）、Gu et al.（2014）、Tan et al.（2015）等文献，笔者加入前 2 年［Before（−2）］、前 1 年［Before（−1）］、当年［After（0）］、后 1 年［After（1）］、后 2 年［After（2）］的时间变量及交互项，模型为：

$$Innovation = \alpha + \beta_1 Transform_{it} + \beta_2 Before(-2)_{it} + \beta_2 Before(-1)_{it} + \beta_2 After(0)_{it} + \beta_2 After(1)_{it} + \beta_2 After(2)_{it} + \beta_3 Transform_{it} \times Before(-2)_{it} + \beta_3 Transform_{it} \times Before(-1)_{it} + \beta_3 Transform_{it} \times After(0)_{it} + \beta_3 Transform_{it} \times After(1)_{it} + \beta_3 Transform_{it} \times After(2)_{it} + \beta'_4 X_{it} + \varepsilon_{it} \quad (4-2)$$

表 4－7 为安慰剂检验的结果，笔者发现，交互项的显著性从民营化当年［After（0）］或者民营化后年［After（1）］开始显著为负，说明民营化后企业创新水平下降这个结果是稳健的。

表 4－7　　安慰剂检验结果

	(1) Innovation	(2) Innovation
Contant	0.044*** (3.23)	−0.081*** (−3.49)
Before（−2）	−0.002 (−0.39)	−0.002 (−0.61)
Before（−1）	−0.024*** (−6.26)	−0.026*** (−6.59)
After（0）	−0.013*** (−3.39)	−0.015*** (−3.94)
After（1）	−0.003 (−0.77)	−0.008* (−1.90)
After（2）	−0.006* (−1.65)	−0.012*** (−2.65)
Transform × Before（−2）	0.001 (0.24)	0.001 (0.23)
Transform × Before（−1）	−0.007 (−1.19)	−0.007 (−1.16)
Transform × After（0）	−0.016** (−2.52)	−0.010 (−1.47)

续表

	(1) Innovation	(2) Innovation
Transform × After（1）	-0.023 *** (-3.58)	-0.018 *** (-2.76)
Transform × After（2）	-0.021 *** (-3.25)	-0.016 ** (-2.44)
Size		0.010 *** (6.20)
Lev		0.017 ** (2.49)
Roa		-0.009 (-0.85)
Adm		0.057 *** (3.49)
Far		0.002 (0.38)
行业固定效应	Yes	Yes
个体固定效应	Yes	Yes
N	10098	10098
R^2	0.035	0.041
F	6.481	6.858

注：***、**、*分别表示 1%、5%、10% 的显著性水平，括号中的数字为双尾检验的 t 值。

⑤由于民营化当年企业财务数据可能存在非正常波动，因此，笔者删除掉民营化后第一年的数据进行 DID 检验。结果如表 4-8 所示。交互项 Transform × After 系数 β3 在 5% 或者 10% 水平上显著为负，结果与表 4-3 的结果一致。

表 4-8　　删除民营化当样本的双重差分检验结果

	(1)	(2)	(3)	(4)	(5)	(6)	(7)	(8)
Constant	0.003 (1.14)	-0.223 *** (-37.01)	0.015 * (1.66)	-0.022 (-1.58)	0.001 (0.08)	-0.229 *** (-15.78)	0.025 * (1.74)	-0.094 *** (-3.67)
Transform	0.001 (0.35)	0.012 *** (5.79)			0.001 (0.21)	0.001 (0.35)		

续表

	(1)	(2)	(3)	(4)	(5)	(6)	(7)	(8)
After					0.004 (1.13)	-0.005 (-1.57)	0.004 (1.63)	-0.001 (-0.31)
Transform × After	-0.007*** (-2.79)	-0.013*** (-5.08)	-0.011*** (-5.36)	-0.011*** (-5.05)	-0.016*** (-2.88)	-0.013** (-2.49)	-0.017*** (-4.10)	-0.012*** (-2.76)
Size		0.017*** (42.62)		0.003*** (3.62)		0.019*** (18.07)		0.009*** (5.41)
Lev		0.009*** (3.56)		0.001 (0.39)		0.004 (0.72)		0.017** (2.29)
Roa		0.009** (1.99)		-0.015*** (-3.14)		0.026** (2.29)		-0.024** (-1.98)
Adm		0.077*** (11.56)		0.028*** (3.72)		0.111*** (7.14)		0.040** (2.26)
Far		-0.003 (-1.49)		0.000 (0.03)		0.002 (0.38)		0.000 (0.06)
行业固定效应	Yes	Yes	Yes	Yes	Yes	Yes	Yes	Yes
个体固定效应	No	No	Yes	Yes	No	No	Yes	Yes
N	45940	45940	45940	45940	8415	8415	8415	8415
R^2	0.095	0.131	0.006	0.007	0.107	0.324	0.020	0.026
F	120.724	153.425	6.142	6.135	24.492	10.224	3.555	4.114

注：***、**、*分别表示1%、5%、10%的显著性水平，括号中的数字为双尾检验的t值。

⑥笔者在数据处理时删除了上市公司样本，在稳健性检验中，笔者将上市公司样本加回，进行完全民营化的全样本检验。结果如表4-9所示。交互项Transform × After系数β3在1%或10%水平上显著为负，结果与前面的结果一致。

表4-9　　　包含上市公司样本的检验结果

	(1)	(2)	(3)	(4)	(5)	(6)	(7)	(8)
Constant	0.003 (1.36)	-0.216*** (-36.45)	0.020** (2.36)	-0.022* (-1.73)	0.005 (0.83)	-0.159*** (-13.05)	0.029** (2.20)	-0.084*** (-3.83)
Transform	0.001 (0.37)	0.011*** (5.56)			0.005 (1.64)	0.006* (1.86)		

续表

	(1)	(2)	(3)	(4)	(5)	(6)	(7)	(8)
After					-0.006** (-2.09)	-0.013*** (-4.69)	-0.005*** (-2.65)	-0.008*** (-3.66)
Transform × After	-0.007*** (-2.99)	-0.010*** (-4.16)	-0.011*** (-5.73)	-0.010*** (-5.19)	-0.008* (-1.84)	-0.007* (-1.67)	-0.011*** (-3.10)	-0.007* (-1.74)
Size		0.017*** (42.41)		0.003*** (4.45)		0.013*** (15.75)		0.008*** (5.99)
Lev		0.007*** (3.05)		0.000 (0.08)		0.005 (1.07)		0.016*** (2.59)
Roa		0.008* (1.74)		-0.014*** (-3.01)		0.010 (1.10)		-0.011 (-1.07)
Adm		0.075*** (11.39)		0.030*** (3.91)		0.073*** (5.79)		0.054*** (3.56)
Far		-0.003 (-1.36)		0.001 (0.72)		-0.008* (-1.79)		0.003 (0.62)
行业固定效应	Yes	Yes	Yes	Yes	Yes	Yes	Yes	Yes
个体固定效应	No	No	Yes	Yes	No	No	Yes	Yes
N	47599	47599	47599	47599	10356	10356	10356	10356
R^2	0.091	0.125	0.008	0.009	0.081	0.267	0.025	0.030
F	118.333	150.552	8.402	8.245	22.300	9.850	5.554	6.066

注：***、**、*分别表示1%、5%、10%的显著性水平，括号中的数字为双尾检验的t值。

⑦部分民营化对企业创新的影响。笔者在问题提出中指出，部分民营化与完全民营化存在显著差异，前者没有完全摆脱政府的干预，可以较容易的获得贷款和政府补贴，而后者的所有权由国有性质变更为民营性质，虽然降低了政府干预程度，但同时失去了可能享受的政府优惠政策（Sun and Tong，2003），并有可能受到信贷歧视（李广子和刘力，2009），因此，完全民营化企业面临融资约束的可能性较大，创新水平更可能在民营化后受到限制，而部分民营化企业的创新水平可能并不受民营化的影响，或者由于政府干预的减少和公司治理机制的完善而在民营化后显著提高。

笔者检验部分民营化对企业创新的影响，从而验证笔者的推测。

根据李文贵和余明桂（2015）的方法，衡量工业企业的部分民营化需要

"国有资本"和"实收资本"两个指标。但是工业企业数据库中，"国有资本"仅存在于2007年以前，而本书采用的创新指标新产品产值在2004年缺失，因此，笔者仅以2005—2007年为样本区间，检验部分民营化对企业创新的影响。

笔者将部分民营化定义为国有资本在实收资本中所占的比例降低的企业，由于样本区间是2005—2007年，那么发生部分民营化的时间是2006—2007年。笔者的样本区间较短，为保证结果的稳健性，笔者采用以下两种方法检验部分民营化对企业创新的影响：

第一种方法，仅以部分民营化企业为样本，检验部分民营化企业在民营化前后创新水平的差异。检验模型设定为：

$$Innovation = \alpha + \beta_1 After + \beta'_2 X + \varepsilon \tag{4-3}$$

其中，Innovation表示企业创新水平，笔者以新产品产值与营业收入的比值来衡量。After是部分民营化前后的虚拟变量，其中部分民营化后为1，部分民营化前为0。X是有多个控制变量构成的向量，控制变量及其定义与模型（4-1）相同。

第二种方法，双重差分检验，以部分民营化企业为实验组，国有资本占实收资本比例在2005—2007年没有变动的国有企业为对照组，检验部分民营化对企业创新的影响，模型与模型（4-1）相同。

整理数据后，笔者提取出171家部分民营化企业和4411家国有资本占比未发生变动的国有企业。检验结果如表4-10所示。其中，第（1）列为仅以民营化企业为样本的回归结果，After的系数为正，但是不显著。第（2）列和第（3）列分别是不加入控制变量和加入控制变量的OLS检验，第（4）列和第（5）列别是不加入控制变量和加入控制变量的面板固定效应检验，笔者发现，所有的交互项Transform×After系数都不显著，但在数值上为正。这些结果说明，部分民营化后企业创新水平有所上升，但变化不显著。这项结果补充了民营化影响企业创新的检验，也证明了部分民营化与完全民营化的显著不同，为笔者仅以完全民营化为研究对象提供依据。

表4-10　　部分民营化与企业创新

	(1)	(2)	(3)	(4)	(5)
Constant	0.116 (0.91)	0.000 (0.03)	-0.150*** (-18.16)	-0.012 (-0.14)	0.004 (0.04)
Transform		0.007 (1.12)	-0.003 (-0.49)		

续表

	(1)	(2)	(3)	(4)	(5)
After	0.003 (0.64)				
Transform × After		0.012 (1.33)	0.009 (1.01)	0.004 (0.79)	0.004 (0.85)
Size	-0.007 (-0.72)		0.014*** (24.66)		-0.001 (-0.60)
Lev	0.007 (0.23)		-0.003 (-0.80)		0.001 (0.26)
Roa	0.035 (0.58)		0.008 (0.71)		-0.010 (-0.89)
Adm	-0.185** (-2.13)		0.043*** (4.74)		0.001 (0.08)
Far	-0.004 (-0.12)		-0.020*** (-4.83)		-0.001 (-0.12)
行业固定效应	Yes	Yes	Yes	Yes	Yes
个体固定效应	Yes	No	No	Yes	Yes
N	513	13676	13676	13676	13676
R^2	0.092	0.122	0.161	0.016	0.017
F	3.765	48.520	59.382	5.433	4.649

注：***、**、*分别表示1%、5%、10%的显著性水平，括号中的数字为双尾检验的t值。

4.4.3 影响机制检验

（1）融资约束机制的检验

上一部分笔者检验发现，国有企业民营化后，企业创新水平显著下降。这里笔者进一步检验因银行信用的获取困难所导致的融资约束是否是影响民营化企业创新水平的重要机制之一。

由于工业企业数据指标的不全，笔者仅能粗略地衡量企业的信贷优势[①]。图

① 笔者确实需要更加直观的表示信贷优势和政府补贴的变动。但是，工业企业数据库中没有政府补贴这个变量，笔者无法衡量民营化前后政府补贴的变化。同时，也没有具体的贷款变量，如短期贷款和长期贷款，不过，工业企业数据库中有总资产、所有者权益和利息支出3个指标，笔者采用总资产减去所有者权益的方法倒挤出负债总额，同时用利息支出除以负债总额得到利息支出占总负债的比重，尝试以这两个指标的趋势解释民营化企业受到的信贷歧视。

4－2 是总负债和利息支出占负债比率的趋势图，从图中可以看出，民营化企业与没有民营化的国有企业的负债总额在民营化后差距逐渐拉大，民营化企业的负债显著少于国有企业，同时，两者的利息支出比重也在民营化后拉开差距，虽然民营化后第 2 年和第 3 年的利息支出比重有所下降，但民营企业的利息支出比重依然显著高于国有企业。由此可以看出，民营化企业的贷款成本相比于民营化前提高了，也就是说民营化企业可能受到了信贷歧视。①

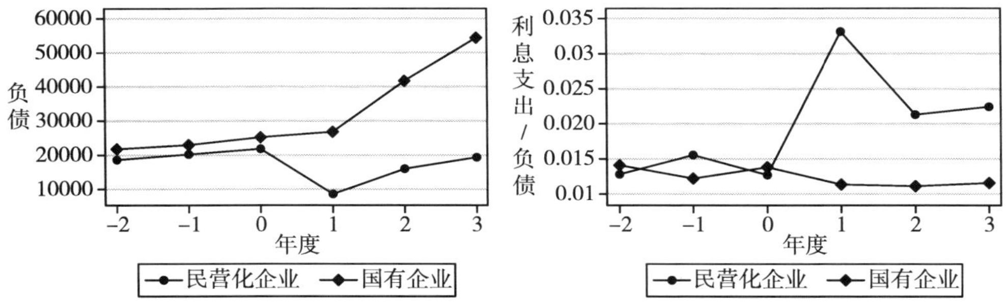

图 4－2 负债和利息支出趋势图

为了检验融资约束机制，笔者设定模型如下：

$$Innovation = \alpha + \beta_1 Transform + \beta_2 After + \beta_3 Dum + \beta_4 Transform \times After + \beta_5 Transform \times Dum + \beta_6 After \times Dum + \beta_7 Transform \times After \times Dum + \beta'_7 X + \varepsilon \quad (4-4)$$

其中，Dum 是企业融资约束程度的代理变量。Kaplan and Zingales（1997）、Cleary（1999）、Lamont et al.（2001）等的研究发现，资产负债率是影响企业融资约束的重要因素。本书样本企业均为非上市企业，信贷资金是企业最主要的资金来源（江伟等，2015），因此，一方面，资产负债率越高，说明企业越依赖于外部融资来进行企业的投资活动，从而越容易受到外部融资约束。另一方面，资产负债率越高，企业还贷负担越重，越有可能陷入财务危机（Altman，1984），企业从银行获得贷款的可能性越低，因此越有可能存在融资约束。鞠晓生等（2013）、张金鑫和王逸（2013）、李君平和徐龙炳（2015）等对此予以验证。笔者以资产负债率作为融资约束的衡量指标检验民营化影响企业创新的机制，同时，根据鞠晓生等（2013）的研究，笔者也采用 SA 指数衡量融资约束。Dum 是企业融资约束程度的虚拟变量，大于全样本资产负债率或 SA 指数中位数

① 不过，需要说明的是，负债总额中包含了很多其他非信贷因素，如应付账款、应付工资、其他应付款等，笔者对信贷优势的衡量方法比较粗糙，但由于缺乏具体的贷款数据和贷款成本数据，笔者只能这样粗略的表示民营化企业信贷优势的丧失。

时取值为1，表示融资约束较大，反之为0，表示融资约束较小。如果融资约束影响了民营化企业的创新，那么交互项Transform×After×Dum的系数应显著为负，反之，如果对应交互项系数不显著，则说明融资约束对民营化企业的创新没有显著影响。

表4-11列示了融资约束对民营化企业创新水平影响的检验结果。第（1）列显示了模型（4-2）的检验结果，其中，交互项Transform×After系数为正，但不显著，说明在融资约束较小的样本中，民营化企业的创新活动与民营化之前相比没有显著的变化。交互项Transform×After×Dum的系数为负，且在1%水平上显著，这表明，在融资约束较大的样本中，民营化企业的创新下降程度较大。除了采用交互项进行检验以外，笔者按照融资约束的大小对样本进行分组，分别采用模型（4-1）进行检验。表4-11中第（2）列和第（3）列为分组结果，笔者发现，在融资约束较大的组中，Transform×After系数在1%水平上显著为负，在融资约束较小的组中，Transform×After系数为正但不显著，与模型（4-2）结果一致。以上结果表明，融资约束确实是影响民营化企业创新的一种机制。完全民营化后，民营化企业与民营企业一样，遭受到信贷歧视，导致外部融资成本提高，融资受限。严重的融资约束迫使企业放弃较好的创新投资项目，导致企业创新水平下降。

表4-11　　融资约束对民营化企业创新的影响检验结果

	(1) 总样本	(2) 资产负债率融资约束较大组	(3) 资产负债率融资约束较小组	(4) 总样本	(5) SA指数融资约束较大组	(6) SA指数融资约束较小组
Constant	-0.073*** (-3.18)	0.017 (0.38)	-0.089** (-2.56)	-0.085*** (-3.64)	-0.022 (-0.40)	-0.125** (-2.11)
Transform	-0.009** (-2.49)	0.009** (2.56)	-0.007* (-1.90)	0.001 (0.27)	-0.001 (-0.34)	0.001 (0.22)
Transform×After	0.000046 (0.01)	-0.036*** (-5.46)	0.001 (0.13)	-0.012** (-2.21)	-0.032** (-2.48)	-0.016 (-1.49)
Dum	-0.011** (-2.32)			0.001 (0.26)		
After×Dum	0.013*** (2.75)			-0.005 (-1.12)		

续表

	(1) 总样本	(2) 资产负债率融资约束较大组	(3) 资产负债率融资约束较小组	(4) 总样本	(5) SA 指数融资约束较大组	(6) SA 指数融资约束较小组
Transform × Dum	0.029*** (4.12)			0.001 (0.16)		
Transform × After × Dum	-0.025*** (-2.96)			-0.010 (-1.08)		
Size	0.009*** (5.82)	0.003 (1.16)	0.010*** (4.35)	0.009*** (5.82)	0.000 (0.02)	0.009** (2.45)
Roa	-0.016 (-1.44)	-0.043** (-2.16)	-0.006 (-0.43)	0.019*** (2.83)	0.016* (1.83)	0.023* (1.65)
Adm	0.051*** (3.10)	0.004 (0.14)	0.064*** (2.83)	-0.015 (-1.32)	-0.001 (-0.12)	-0.022 (-1.28)
Far	0.002 (0.35)	0.004 (0.47)	0.006 (0.88)	0.048*** (2.93)	0.037 (1.52)	0.030 (1.05)
行业固定效应	Yes	Yes	Yes	Yes	Yes	Yes
个体固定效应	Yes	Yes	Yes	Yes	Yes	Yes
N	10098	5046	5052	10098	4416	5682
R^2	0.029	0.079	0.046	0.028	0.032	0.059
F	5.302	7.833	4.248	5.033	2.795	6.214

注：***、**、*分别表示1%、5%、10%的显著性水平，括号中的数字为双尾检验的t值。

（2）融资约束机制在完全民营化企业和部分民营化企业的差异

在上一小节的稳健性检验中，笔者检验了部分民营化对企业创新的影响，发现部分民营化与完全民营化对企业创新的影响存在显著差异。笔者在这一部分进一步检验融资约束对部分民营化企业创新的影响，从而验证笔者关于部分民营化和完全民营化的推测。

部分民营化的样本区间为2005—2007年，为了更好地对比融资约束对部分民营化和完全民营化的影响差异，笔者也重新整理了2005—2007年完全民营化的样本，结果如表4-12所示。前4列为融资约束对部分民营化企业创新的影响，其中，第（1）、第（2）列采用OLS的方法，第（3）、第（4）列采用面板固定效应的方法，笔者发现，虽然交互项 Transform × After 的系数在融资约束高的组和融资约束低的组存在不同，但都不显著，这说明部分民营化企业的创新没有受到融资约束的影响。后4列检验的是融资约束对完全民营化企业创新的影响，其中，第（5）、第（6）列采用 OLS 的方法，第（7）、第（8）列采用面板固定效应的方法，无论采用哪种方法，融资约束高的组交互项 Transform × After 系数显著为正，而融资约束低的组不显著。

表4-12　　民营化、融资约束与企业创新

	部分民营化				完全民营化			
	融资约束高（1）	融资约束低（2）	融资约束高（3）	融资约束低（4）	融资约束高（5）	融资约束低（6）	融资约束高（7）	融资约束低（8）
Constant	-0.152*** (-13.41)	-0.150*** (-13.32)	0.013 (0.25)	0.010 (0.11)	-0.281*** (-15.09)	-0.071*** (-5.69)	-0.073 (-0.76)	-0.097 (-1.05)
Transform	-0.003 (-0.36)	-0.004 (-0.45)			0.014* (1.86)	0.005 (0.84)		
Transform × After	0.018 (1.62)	-0.007 (-0.51)	0.006 (1.02)	-0.003 (-0.34)	-0.017* (-1.75)	-0.006 (-0.89)	-0.010* (-1.83)	-0.001 (-0.33)
Size	0.014*** (17.74)	0.013*** (16.97)	-0.001 (-0.15)	0.005 (1.31)	0.022*** (17.54)	0.007*** (6.69)	0.008* (1.81)	-0.003 (-1.06)
Roa	0.014 (0.79)	-0.000 (-0.03)	0.000 (0.02)	-0.016 (-0.88)	0.052*** (2.59)	0.014 (1.39)	0.027 (1.20)	-0.017 (-1.51)
Adm	0.037*** (2.85)	0.048*** (3.80)	-0.021 (-1.26)	0.001 (0.08)	0.137*** (5.36)	0.040*** (4.53)	0.045 (1.53)	-0.005 (-0.44)
Far	-0.029*** (-4.95)	-0.011* (-1.75)	-0.008 (-0.90)	0.023** (2.18)	-0.042*** (-5.61)	-0.020*** (-4.33)	0.002 (0.23)	-0.004 (-0.57)
行业固定效应	Yes	Yes	Yes	Yes	Yes	Yes	Yes	Yes
个体固定效应	No	No	Yes	Yes	No	No	Yes	Yes
N	6796	6880	6796	6880	11156	11215	11156	11215
R^2	0.186	0.156	0.023	0.041	0.251	0.077	0.009	0.039
F	36.705	29.297	4.338	6.955	88.490	21.194	2.069	8.426

注：***、**、*分别表示1%、5%、10%的显著性水平，括号中的数字为双尾检验的t值。

对比部分民营化和完全民营化的结果，不难发现，部分民营化企业的创新水平并没有受到融资约束的影响，而融资约束是导致完全民营化企业创新水平的因素之一。这也验证了笔者的推测，即部分民营化与完全民营化存在显著差异，前者没有完全摆脱政府的干预，可以较容易的获得贷款和政府补贴，不存在融资约束，因此企业创新不受到融资约束的影响，而后者失去了可能享受的政府优惠政策，并有可能受到信贷歧视，由此带来的融资约束抑制了企业创新。该部分的检验为笔者研究民营化影响企业创新的内在机理提供了较好的依据。

4.5 进一步检验：金融发展水平的影响

通过前文的实证分析笔者发现，国有企业在完全民营化后，企业创新水平显著下降，这主要是由于完全民营化企业与民营企业一样受到了信贷歧视，导致企业的创新投资受限。进一步地，笔者分析民营化企业的融资约束如何受到企业所处地区的金融发展水平的影响。

大量文献表明，金融发展可以促进经济发展（King and Levine，1993；Levine，2005；Hsu et al.，2014）。具体到微观层面，笔者可以从两个方面论述金融发展对企业融资约束的缓解作用。第一，从资源配置角度来说，金融发展有利于多元化银行信贷风险（Amore et al.，2013）、提高金融中介机构的信息收集能力和对投资机会的识别能力（Greenwood and Jovanovic，1990），从而提高监管效率和资源分配效率（Capasso and Jappelli，2013；Pascali，2016），这有利于金融中介通过投资和监管帮助企业更好地识别投资机会、减少无效率投资，提高企业风险承担、推进技术创新（Bencivenga and Smith，1991；Obstfeld，1994）。

第二，从融资角度来说，融资约束主要源于信息不对称。银行和其他金融机构对企业，尤其是民营企业的实际情况知之甚少，也不能完全掌握企业的各项经营活动（Jensen and Meckling，1976；Myers and Majluf，1984），这就会形成企业借贷双方之间的信息不对称，导致企业外部融资成本提高。金融发展通过优化制度环境、健全法律体系（Brown et al.，2016），完善公司治理机制等（Doidge et al.，2007），帮助企业克服信息不对称引起的道德风险和逆向选择，从而降低内外部融资的成本差异，缓解融资约束（Rajan and Zingales，1998；Claessens and Laeven，2003）。

为了检验地区金融发展是否能够缓解融资约束对民营化企业创新的影响，笔者按照地区金融发展水平将样本划分为高、低两组，分别采用模型（4－2）进行检验，如果金融发展水平高的一组的交互项 Transform × After × Dumlev 的系数不显著，金融发展水平低的一组显著为负，说明融资约束对民营化企业创新的抑制作用仅在金融水平程度低的地区存在。笔者采用樊纲等（2011）《中国市场化指数——各地区市场化相对进程 2011 年报告》中提供的"金融业的市场化"和"信贷资金分配市场化"作为金融发展的代理变量①。

笔者首先对检验样本的分布进行描述性统计，结果如表 4－13 所示。笔者发现，无论以金融业市场化还是信贷资金分配市场化为标准进行分组，在金融发展水平较低的一组中，融资约束较高的样本数都多于融资约束较低的样本数，如第（1）列中融资约束较高的样本数为 2819，占比 53.64%，融资约束较低的样本占比 46.36%。而在金融发展水平较高的一组中，融资约束较高的样本数少于融资约束较低的样本数，如第（2）列和第（4）列所示。这个结果说明，金融发展水平有利于缓解企业的融资约束。

表 4－13　　样本分布表

	金融业市场化		信贷资金分配市场化	
	金融发展水平低 （1）	金融发展水平高 （2）	金融发展水平低 （3）	金融发展水平高 （4）
融资约束较低组	2436 46.36%	2610 53.89%	2555 49.17%	2491 50.82%
融资约束较高组	2819 53.64%	2233 46.11%	2641 50.83%	2411 49.18%
合计	5255	4843	5196	4902

回归检验结果如表 4－14 所示，第（1）列和第（2）列采用"金融业的市场化"作为金融发展的代理变量，第（3）列和第（4）列采用"信贷资金分配市场化"作为金融发展的代理变量，检验结果发现，在金融发展水平较低的地区，融资约束对民营化企业创新的抑制作用在 5% 水平上显著，而在金融发展水平较高的地区，融资约束的抑制作用不显著。这表明，金融发展缓解了融资约束对民营化

① 樊纲等（2011）所统计的指标截至 2009 年，2010 年和 2011 年缺失数据以 2009 年指标数据作为补充。

企业创新的抑制作用。该结果意味着，金融发展有利于提高金融市场对创新投资风险的评估和识别能力，从而减少了企业和金融市场的不对称，降低了企业的创新融资成本，使民营化企业创新活动受到融资约束的不利影响较小。

表 4-14　　金融发展、融资约束与民营化企业创新

	金融业市场化		信贷资金分配市场化	
	金融发展水平高 (1)	金融发展水平低 (2)	金融发展水平高 (3)	金融发展水平低 (4)
Constant	-0.178*** (-2.77)	0.019 (0.67)	-0.091 (-1.33)	-0.007 (-0.24)
Transform	-0.007 (-1.25)	-0.010** (-2.29)	-0.001 (-0.16)	-0.016*** (-3.18)
Transform × After	-0.010 (-1.09)	0.009 (1.13)	-0.001 (-0.08)	0.003 (0.33)
Dumlev	-0.005 (-0.62)	-0.010* (-1.77)	0.002 (0.24)	-0.020*** (-3.21)
After × Dumlev	0.006 (0.70)	0.018*** (3.02)	-0.001 (-0.09)	0.029*** (4.41)
Transform × Dumlev	0.030*** (2.61)	0.029*** (3.13)	0.028** (2.51)	0.024** (2.51)
Transform × After × Dumlev	-0.018 (-1.35)	-0.027** (-2.35)	-0.011 (-0.82)	-0.031** (-2.56)
Size	0.019*** (7.16)	0.001 (0.45)	0.010*** (3.97)	0.003 (1.39)
Roa	0.004 (0.22)	-0.023 (-1.63)	-0.008 (-0.49)	-0.001 (-0.03)
Adm	0.047* (1.71)	0.044** (2.04)	-0.001 (-0.05)	0.066*** (3.02)
Far	0.006 (0.72)	-0.002 (-0.25)	0.007 (0.90)	0.003 (0.44)
行业固定效应	Yes	Yes	Yes	Yes
个体固定效应	Yes	Yes	Yes	Yes
N	4843	5255	4902	5196
R^2	0.064	0.039	0.041	0.033
F	5.461	3.762	3.435	2.874

注：***、**、*分别表示1%、5%和10%的显著性水平，括号中的数字为双尾检验的t值。

4.6　实证结论

本书分析国有企业民营化对企业创新的影响。通过以中国工业企业为样本，采用双重差分法进行检验，笔者发现，国有企业民营化显著抑制了企业创新，该结果在采用 PSM 控制自选择问题后依然存在。然后，笔者检验融资约束是否是抑制民营化企业创新的重要机制，发现在融资约束较高的样本中，民营化后企业的创新水平显著下降，而在融资约束较低的样本中，创新水平在民营化前后没有显著变化，说明融资约束是影响民营化企业创新的重要因素。最后，笔者进一步检验地区金融发展水平能否缓解融资约束对民营化企业创新的不利影响。结果发现，在金融发展水平较高的地区，融资约束对民营化企业创新的抑制作用不显著，说明金融发展有利于缓解融资约束对企业创新的不利影响。

本书的研究结果不仅从融资约束的角度拓展了民营化影响企业创新的相关研究，而且从民营化的角度为金融市场如何影响企业创新提供新的视角。同时，本书有助于澄清有关民营化的争议，在微观层面为进一步深化混合所有制改革、提高国企效率提供理论依据和政策参考。

第 5 章　业绩考核制度与企业创新：基于非民营化的视角

5.1　研究问题

上文的结果表明，民营化并不能促进企业创新，本章进一步检验不涉及产权的业绩考核制度能否促进企业创新。本书拟研究《中央企业负责人经营业绩考核暂行办法》的第二次修订（以下简称为《考核办法》）对央企创新的作用及其经济后果。

笔者之所以选择此次《考核办法》的修订作为本书的研究对象，主要基于以下两个原因：

第一，此次《考核办法》的修订为笔者从理论上澄清民营化改革的争议提供了很好的切入点。《考核办法》是国资委设立的针对央企高管的激励机制，不涉及企业产权问题。而且，此次《考核办法》的修订主要是将年度考核指标中的净资产收益率指标替换为 EVA，修订内容不涉及央企的产权变化。如果笔者能够证明这项制度的实施促进了企业创新并提高了企业价值，则意味着国有企业即使不进行民营化的产权改革，仅仅通过改变高管的激励机制，就可以提高国有企业效率。也就是说，民营化很可能并不是解决国有企业效率问题的唯一途径。因此，本书的研究有助于澄清有关民营化改革的争议。

第二，此次《考核办法》的修订为本书的研究设计提供了很好的自然实验条件。在实证研究中，识别因果关系的一个重要方法是双重差分法（Difference - in - Differences，以下简称 DID）。DID 的实施需要有两个基本前提，一是具有外生事件，二是能够找到受事件影响的实验组和不受事件影响的对照组（Bertrand et al.，2004）。本书研究恰好符合这两个前提条件：《考核办法》由国资委制定并颁布，对于企业来说是一个外生事件。同时，《考核办法》的实施对象是央企，对于民营企业没有影响，所以央企和民营企业是很好的实验组和对照组。因此，本书可以以 DID 的实验方法检验《考核办法》修订前后高管行为和企业效率的变化。

基于以上分析，本书拟回答以下两个问题：第一，新的《考核办法》是否能够促进企业创新？第二，如果能够促进创新，那么这种创新水平的提高能否提高企业价值？笔者采用手工收集整理的 2007—2014 年所有 A 股上市公司及其子公司的专利数据，以央企样本为实验组，民企样本为对照组进行双重差分检验。

5.2　EVA 指标概述

为推进和指导国有企业的改革和重组，国务院于 2003 年成立国有资产管理委员会，一方面对国有资产保值增值情况进行监管，另一方面通过法定程序对企业负责人进行任免、考核和奖惩。从 2004 年开始，国资委推行年度考核和任期考核相结合的经营业绩考核体系，颁布了《考核办法》对央企负责人①实施奖惩。这项办法以利润总额和净资产收益率作为年度指标，以国有资本保值增值率和主营业务收入增长率作为任期指标进行考核，并将考核结果划分 5 个等级，作为央企高管薪酬认定和职务任免的重要依据。同时，国资委确定每 3 年一个任期，每个任期初颁布新的《考核办法》以引导企业负责人完成国资委新的目标和任务②。本书研究的是 2009 年颁布的《考核办法》（国资委第 22 号令，2010 年 1 月 1 日起实施），此次颁布的《考核办法》旨在引导企业加强自主创新、管控风险，转变发展方式，实现可持续发展。

与 2004 年颁布的《考核办法》相比，2009 年新颁布的《考核办法》将年度考核指标中的净资产收益率改为经济增加值③（Economic Value Added，EVA）。原

① 《考核办法》指出，考核的央企负责人是指国有独资企业的总经理（总裁）、副总经理（副总裁）、总会计师；董事长、副董事长、董事，列入国资委党委管理的总经理（总裁）、副总经理（副总裁）、总会计师；国有资本控股公司国有股权代表出任的董事长、副董事长、董事，列入国资委党委管理的总经理（总裁）、副总经理（副总裁）、总会计师。

② 国资委设定的国企高管的第一任期（2004—2006）主要解决建制度、上轨道问题；第二任期（2007—2009）主要是上台阶、上水平；第三任期（2010—2012）主要是国际化、市场化；第四阶段主要是做强做优、提高国际影响力。

③ 经济增加值的计算公式为：经济增加值 = 税后净营业利润 − 资本成本 = 净利润 + （利息支出 + 研发费用调整项 − 非经常性收益调整项 × 50%）× (1 − 25%) − (平均所有者权益 + 平均负债 − 平均无息流动负债 − 平均在建工程) × 平均资本成本率

指标净资产收益率具有企业利润最大化的导向，虽然直观且易于计算，但具有较强的可操纵性，也使高管更注重短期绩效，忽视长期发展，因此不能很好地激励高管提升企业价值，还可能产生高管的机会主义行为①。与净资产收益率不同，EVA 指标具有企业价值最大化的导向。已有文献认为，该指标不仅仅是会计数字的简单加总，而是一套完整的价值评价体系（Kleiman，1999）。一方面，EVA 在税后净利润的基础上扣除股权资本成本，充分考虑股权资本成本对企业绩效的影响，迫使高管合理使用财务杠杆，减少盲目投资，从而提高企业效率，增加企业价值。另一方面，EVA 将研发支出资本化，也就是将净利润中扣除的研发费用加回，从而缓解高管因顾虑研发支出会降低净利润而导致的短期行为，鼓励高管进行研发与创新，进而增加企业长期价值。因此，相对于净资产收益率，EVA 可以更好地衡量企业价值，缓解高管的机会主义行为。

根据2007 年1 月1 日实施的《企业会计准则》关于研发支出资本化的规定，研发支出分为资本化和费用化两部分。费用化的部分在净利润中扣除，资本化的部分计入无形资产。新的《考核办法》中的 EVA 考核不仅加回在净利润中扣除的费用化的研发支出，而且进一步将资本化的研发支出也计入 EVA。因此，费用化的研发支出部分将不影响 EVA 水平，同时，资本化部分可以增加 EVA 水平。这就极大地激励高管进行研发投资，通过研发支出增加 EVA 水平，从而提高自身的业绩考核得分。

5.3 理论分析与研究假设

（1）新的《考核办法》的创新激励作用。创新活动具有收益滞后期长、失败率高、风险大等特点。高管出于风险规避和自身利益的原因，更倾向于保守的投资策略，放弃风险较高的研发投资项目，提高短期业绩（Francis and Smith，1995；Graham et al.，2005；Edmans，2009）。根据代理理论，合理的激励机制

① 净资产收益率的分子是净利润，但净利润具有较强的可操纵性。一方面，高管可以通过短期行为，如降低研发费用、职工培训费用等提高短期内的净利润，从而提高净资产收益率，这显然不利于企业长期发展；另一方面，高管可以通过加大公司投资规模，获得更多的净利润，但净利润仅仅考虑了债权资本成本，忽视了股权资本成本的影响，如果高管使用具有较高资本成本率的股权融资，虽然可能产生利润，但投资效率低下，甚至导致过度投资问题。

可以在一定范围内实现股东与管理层的激励相容，从而缓解高管的短视行为，减少高管对创新活动的抑制（Jensen and Meckling，1976）。

薪酬激励和晋升激励是针对国有企业高管的两类激励机制。一方面，现有文献表明，薪酬激励是高管提高创新积极性的重要机制。Sanders and Hambrick（2007）、李春涛和宋敏（2010）等从薪酬结构角度研究发现，高管薪酬水平、股权持有比例对研发投入具有促进作用。Coles et al.（2006）发现高管薪酬对股票收益波动的敏感性（Vega）强的企业倾向于风险较大的投资决策，如较多投资于研发、较少投资于厂房设备。卢锐（2014）认为，在中国公司治理不够完善的环境下，公司董事会更倾向于运用高管薪酬业绩敏感性来缓解高管在创新投资过程中产生的代理问题。

另一方面，政治晋升作为隐性激励机制发挥作用。尽管中央政府一直在推行政企分开以及国有企业去行政化改革，但国企负责人依然由各级党委组织部管辖，享受同等级别政府官员的待遇（杨瑞龙等，2013），并有机会晋升为政府官员。因此，国企的高管是"经理人"也是"政治人"。王曾等（2014）认为国企高管职业生涯存在"政治锁住"效应，为努力保住职位并争取晋升，国企高管很可能存在"政治迎合"的倾向。因此，在晋升激励下，高管注重中央政府的考核评价，以便能获得晋升。可以说，除了薪酬激励以外，作为隐性激励机制的政治晋升也可以促进央企发展（Gibbons and Murphy，1992；陈信元等，2009；王曾等，2014）。

《考核办法》是央企负责人薪酬评级的标准，也是职务任免的重要依据（杨瑞龙等，2013），因此可以发挥薪酬激励和晋升激励双重作用。缓解高管短期行为、提高企业价值是国资委第二次修订《考核办法》的主要目标。出于职业生涯考虑和保证自身利益的最大化，高管会按照考核要求约束自身行为，减少对短期绩效的过度重视，增加对企业长期发展的考虑，从而使《考核办法》具有创新激励作用。

（2）EVA考核与企业创新。构建科学的业绩评价体系是有效激励的前提。指标的选择和设计将直接影响高管的行为决策（Hölmstrom，1979）。《考核办法》第二次修订的主要内容是将高管年度经营业绩考核指标中的净资产收益率替换为EVA，而且EVA指标的基本分在四项考核指标中占比最高，对高管影响也就最大。由此可见，新的《考核办法》能否发挥创新激励作用的关键在于EVA指标的有效性。

根据《企业会计准则》对研发支出的规定，研究阶段的支出全部计入当期损益，开发阶段的支出需同时满足5个条件才能资本化。也就是说，费用化的研发支出会影响企业当期的会计绩效，从而影响高管业绩。在没有激励的情况下，高管没有进行研发创新活动的动力，所以更可能减少研发支出以增加短期利润，造成短视行为。因此，为了激励高管创新，对创新的激励机制中需要包含更多对创新失败的容忍，以降低管理层所承担的风险（Hölmstrom，1989）。

传统的EVA指标视研发支出为一项投资，在经济利润的基础上予以加回，而《考核办法》中的EVA计算不仅加回当期确认为费用的研究与开发费，还加回当期确认为无形资产的研究开发支出。也就是说，费用化的研发支出不会降低EVA水平，而且，资本化的研发支出还能够提高EVA水平。因此，在保证原有研发支出规模下的资本化部分不变的基础上，增加的部分只要有符合资本化的研发支出存在，就可以提高EVA水平，这就大大降低了高管对于研发投入导致净利润下滑而产生的顾虑，进而提高高管进行研发与创新活动的积极性。

同时，EVA指标以“剩余收益”理念为基础，考虑了股权资本成本的影响，在税后净利的基础上扣除股权资本成本。这种扣除计算综合考虑资本的使用效率，一方面可以敦促高管处置不良资产，压缩回报率过低的生产项目，减少不良资产对资本的占用，提高总体资产的价值创造能力（Lehn and Makhija，1997；Kleiman，1999）；另一方面可以迫使高管合理使用财务杠杆，控制高管盲目投资扩张、忽视长期发展的行为，增加企业价值。因此，以EVA作为高管的业绩评价指标，可以提高企业的投资效率，创新投资作为企业长期投资的一种，无论是规模还是效率也会得到相应的提高。

因此，基于以上分析，本书提出假设：

H1：2010年新的《考核办法》能够提高央企创新水平。

5.4 研究设计与样本选择

5.4.1 样本选择与数据来源

本书以2007—2012年，即新的《考核办法》实施的前后3年为样本区间，选取深沪两市 A 股中央企业和民营企业上市公司作为初始样本，笔者将最终控制人为国有资产管理委员会的企业界定为央企，将终极控制人为个人或者民营主体界定为民企。然后，笔者剔除金融类公司、ST、＊ST 公司，最终得到 6 年 6158 条观测值，其中，中央企业 1798 条，民营企业 4360 条。

进一步的，笔者手工查找样本企业的专利数据。根据 Rhodes－Kropf and Robinson（2008）、Bena and Li（2014）等的研究，企业可以通过并购获得其他企业的创新成果，或者将创新活动转移到子公司或关联公司进行。因此，仅仅考虑上市公司自身的专利数是不够的，应综合考虑上市公司及其子公司、联营公司、合营公司的专利水平。所以，笔者首先通过手工整理并建立上市公司的公司树，从而确定该上市公司及其关联公司的详细情况（即上市公司及其子公司、孙公司、联营企业、合营企业的名称目录以及每个公司与上市公司的关系）。然后，笔者以网络数据采集技术（网络爬虫，Web Spider）在佰腾科技网（http：//www. baiten. cn/）收集了公司树中所有企业的专利数据，获得所有上市公司及其子公司和关联公司 2007—2014 年的专利申请数据。企业财务数据及企业特征数据来源于国泰安数据库、同花顺数据库、Wind 数据库以及上市公司年报。为了消除极端值的影响，笔者对连续变量进行 1% 水平的 Winsorize 处理。

5.4.2　研究设计

本书以央企样本作为实验组、以民营企业样本作为对照组，采用双重差分法检验《考核办法》对央企创新水平的影响。这种方法可以估计央企在《考核办法》实施前后创新水平的变化，相比于未实施《考核办法》的民营企业在同时期创新水平的变化是否更大。模型设定如下：

$$LnPatent = \alpha + \beta_1 Central_{it} + \beta_2 After_{it} + \beta_3 Central_{it} \times After_{it} + \beta'_4 X_{it} + \varepsilon_{it} \quad (5-1)$$

其中，LnPatent 表示企业创新水平。现有文献主要采用研发投入和专利产出衡量企业创新。由于研发活动存在失败率高、不确定性强等特征，与研发投入相比专利产出更直观的体现了企业的创新水平。参考主流文献（付明卫等，2015；袁建国等，2015；Tian and Wang，2014；Hsu et al.，2014；Jia et al.，2016），本书采用专利申请数衡量企业创新水平。根据《中华人民共和国专利法》规定，我国专利分为发明专利、实用新型专利和外观设计专利。其中，实用新型专利和外观设计专利获得较容易，技术要求相对较低，含金量小，而发明专利是对产品、方法或者其改进所提出的新技术方案，获得难度较大、技术要求较高，可以代表企业的创新能力。因此，在研究《考核办法》如何影响创新的模型中，笔者分别采用当期、未来一期和未来二期上市公司及其子公司的发明专利申请数作为企业创新的代理变量。同时，为缓解发明专利作为创新代理变量可能存在的测量误差，笔者在稳健性检验部分以上市公司及其子公司的三项专利数之和、上市公司及其关联公司（子公司、联营公司、合营公司）的发明专利申请数、上市公司及其关联公司的三项专利数之和分别作为企业创新的代理变量进行稳健性检验。

虽然《考核办法》实施对象为央企，但是地方政府为贯彻中央的政策，也会对地方国有企业颁布相似的考核政策①，从而产生政策的“扩散效应”。因此，地方国有企业不能作为对照组进行考察，而民营企业受到的政治影响较小，其高管业绩考核办法由企业董事会决定，与《考核办法》的实施与否无关，所以，本书采用民营企业作为央企的对照组进行研究。虚拟变量 Central 为 1 时代表央企（实验组），为 0 是代表民营企业（控制组）。After 是代表新政策实施前后时间段的虚拟变量，2010 年及以后为 1，2010 年前为 0。交互项 Centralit × Afterit 系数反映新政策实施前后央企与民企创新水平变化的差异，根据假设 H1，笔者预测交互项的系数 β3 应显著为正。

Xit 是控制变量构成的向量。根据以往文献（付明卫等，2015；Tian and Wang，2014；Hsu et al. ，2014；Jia et al. ，2016），本书加入以下控制变量：企业层面的变量包括企业规模（Size）、董事会规模（Boardsize）、杠杆率（Lev）、机构投资者持股比率（Institution）、企业成长性（Tobin's Q）、企业现金持有水平（Cash）、研发支出②（RD）、利润总额（Tprofit）、经济增加值（Eva）、员工平均工资（Staffwage）、综合资本成本（Wacc）、营运资本（Wcr）以及融资可得性（Bankloan）。由于利润总额和经济增加值是总量指标，以期初总资产进行调整。此外，本书还设置了年度虚拟变量（YearD）和行业虚拟变量（IndustryD）。模型中各变量的具体定义和度量见表 5－1。

① 2010—2013 年湖南省、陕西省、辽宁省、北京市先后在业绩考核办法中加入经济增加值指标。

② 由于部分企业没有披露研发数据，导致该数据存在缺失。本书将 CSMAR 数据库中的资本化研发支出和 Wind 数据库中的费用化研发支出合并为总研发费用，删除掉两个数据库同时缺失的 118 条数据，以此作为本书研究中所采用的研发支出变量。但是，删除这部分样本可能导致选择性偏差，基于稳健性考虑，笔者后期将删除的样本重新加回到总样本，并将缺失的研发费用以 0 代替，结果没有实质性变化。

表 5-1　　　　变量定义

变量	符号	变量定义
企业创新水平	LnPatent	上市公司及其子公司发明专利申请数加 1，然后取自然对数
企业规模	Size	公司期末总资产的自然对数
董事会规模	Boardsize	董事会人数的自然对数
杠杆率	Lev	期末债务账面价值与资产账面价值之比
机构投资者持股比率	Institution	机构投资者持有公司股票与公司股票总数之比
成长机会	Tobin's Q	（每股价格 × 流通股份数 + 每股净资产 × 非流通股份数 + 负债账面价值）/总资产
企业现金持有水平	Cash	企业期末货币资金与总资产之比
研发支出	RD	企业当年资本化研发费用和费用化研发费用之和与总资产之比
利润总额	Tprofit	企业期末利润总额/期初总资产
经济增加值	Eva	企业期末经济增加值/期初总资产
国有资产保值增值率	Soavir	任期内各年度年末国有资本及权益同年初国有资本及权益的比率的乘积
主营业务收入平均增长率	Gincome	任期内 3 年主营业务的平均增长率
员工平均工资	Staffwage	支付给职工以及为职工支付的现金/企业员工总数
综合资本成本	Wacc	以剩余收益法计算股权资本成本，以（短期借款 + 长期借款）/总资产做为债权资本成本
营运资本	Wcr	（流动资产 - 流动负债）/总资产
融资可得性	Bankloan	（短期借款 + 长期借款）/总资产
年度虚拟变量	YearD	控制年度
行业虚拟变量	IndustryD	控制行业。根据中国证监会 2012 年颁布的《上市公司行业分类指引》划分的上市公司所属行业，本书样本去掉了金融业后，分属于 18 个行业。

5.5 实证检验

5.5.1 描述性统计分析

表5-2列出了所有变量的描述性统计结果。数据表明，公司发明专利申请数最大值为5874，最小值为0，标准差为168.9，说明上市公司发明专利申请数的差异很大。发明专利申请数的中位数为1，均值为16.21，说明专利申请数的分布存在右偏的特征。所以，在进行实证检验时，笔者对专利数取自然对数，以改善专利数据的不均匀分布状况，由于近50%的企业专利数为0，为避免取自然对数后样本数据的缺失，笔者对专利数加1后取自然对数。研发支出的总资产占比最小值为0，最大值为9.4%，均值为1.2%，与发达国家如英国的3%的研发投入相比①，本书中样本企业的研发水平普遍较低。

表5-2　　　　描述性统计特征

variable	N	mean	sd	min	P25	P50	P75	max
Patent	6158	16.210	168.900	0	0	1	6	5874
LnPatent	6158	1.077	1.352	0	0	0.693	1.946	8.678
Size	6158	21.530	1.275	18.830	20.680	21.360	22.170	25.510
Boardsize	6158	2.319	0.197	1.792	2.303	2.303	2.398	2.890
Lev	6158	0.476	0.264	0.048	0.294	0.469	0.623	1.696
Institution	6158	4.726	7.466	0	0	1.052	6.329	34.110
Q	6158	2.131	1.385	0.546	1.279	1.671	2.423	8.456
Cash	6158	0.199	0.153	0.005	0.089	0.158	0.271	0.690
RD	6158	0.012	0.019	0.000	0.000	0.002	0.019	0.094

① 数据来源于 Aghion et al.（2004）一文中的 Table2。

续表

variable	N	mean	sd	min	P25	P50	P75	max
Tprofit	6158	0.049	0.076	-0.278	0.018	0.047	0.083	0.278
Eva	6158	0.011	0.072	-0.304	-0.019	0.011	0.045	0.221
Staffwage	6158	11.000	0.771	8.876	10.540	10.930	11.390	13.880
Wacc	6158	0.109	0.142	-0.120	0.058	0.081	0.101	0.985
Wcr	6158	0.183	0.310	-1.009	0.008	0.192	0.386	0.794
Bankloan	6158	0.183	0.161	0	0.039	0.159	0.284	0.694

表 5-3 为《考核办法》中年度考核指标利润总额、经济增加值，任期考核指标国有资产保值增值率、主营业务收入平均增长率的单变量分析。新的《考核办法》将原净资产收益率指标变更为经济增加值指标，其余指标不变。从表中可以看出，2010 年以后的央企经济增加值比 2010 年以前显著增加。这表明经济增加值指标的使用对央企产生影响，《考核办法》确实发挥了作用。

表 5-3　　央企年度和任期考核指标在 2010 年前后的变化

年度和任期考核指标		N	均值检验		中位数检验	
			均值	t 值	中位数	z 值
利润总额	政策颁布前	829	0.0358	1.7858^{*}	0.0377	0.104
	政策颁布后	980	0.0418		0.0372	
经济增加值	政策颁布前	829	-0.0046	4.1702^{***}	0.0005	3.084^{***}
	政策颁布后	980	0.0088		0.0068	
国有资本保值增值率	政策颁布前	523	1.655	0.7701	1.2769	0.52
	政策颁布后	903	9.5224		1.3156	
主营业务收入平均增长率	政策颁布前	521	0.1743	0.5255	0.1484	0.28
	政策颁布后	902	0.1835		0.1486	

图 5-1 描述了新的《考核办法》实施前后的创新变量的分布密度。可以看出，实施前后专利的概率密度分布有显著差异，实施后的分布右偏，即专利数少的企业减少，专利数多的企业增加，说明总体上专利数量较实施前增加，比较直觉地说明《考核办法》的实施促进了企业创新。

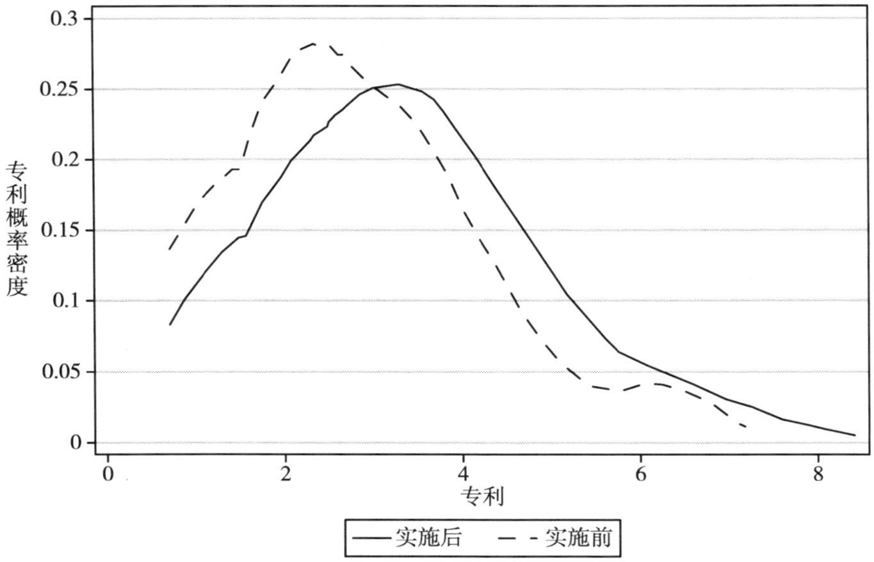

图 5 –1 央企专利概率密度分布图

5.5.2 检验结果与分析

5.5.2.1 双重差分法检验结果

图 5 –2 为央企和民企专利数量的平行趋势图。从图中可以看出，央企和民企的变化趋势在制度实施前基本上是平行的，因此可以采用双重差分法进行实证检验。同时，央企在政策实施后的专利增长速度显著高于民企在同时期的增长速度，因此，新的《考核办法》可能导致央企专利数的增加。

从图 5 –2 看，2008—2009 年央企和民企的趋势有所拉大，但图形描述比较粗略，笔者用了更严格的 T 检验。表 5 –4 是 2007—2008 和 2008—2009 年央企和民营企业的创新趋势差异 T 检验，笔者发现，无论以哪种方式来衡量创新，事件发生前的趋势都没有显著差异。由此可以说明，事件发生前，央企和民企的创新水平变化是一致的，符合平行趋势假设。

表 5 –5 列出了新的《考核办法》是否影响企业创新的检验结果①。由于创

① 从图 5 –2 和表 5 –4 可以看出，无论是央企还是民企，它们的专利数都是逐年增加的，所以池国华等（2016）的实证研究部分仅采用 EVA 实施与否的时间虚拟变量以及混合样本进行检验，无法剥离时间趋势对检验结果的影响，其研究结果很可能存在偏差。

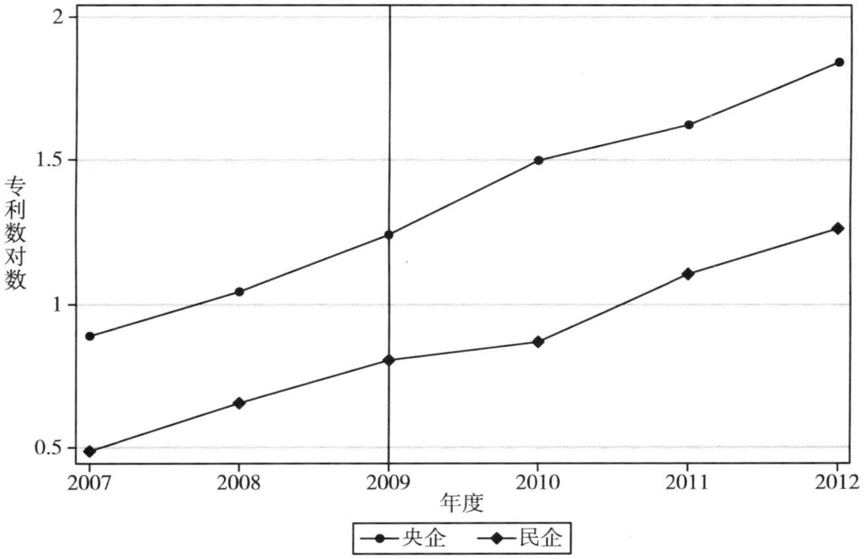

图 5－2　平行趋势图

表 5－4　　央企和民营企业的创新趋势差异检验

	年度	均值检验		
			均值	diff
上市公司及其子公司三项专利和	2007—2008	央企	0.141	－0.008 (－0.089)
		民企	0.148	
	2008—2009	央企	0.076	－0.013 (－0.196)
		民企	0.088	
上市公司及其子公司发明专利和	2007—2008	央企	0.053	0.005 (－0.064)
		民企	0.048	
	2008—2009	央企	0.059	0.083 (1.1679)
		民企	－0.024	
上市公司、子公司及其联营合营公司三项专利和	2007—2008	央企	0.206	0.010 (0.119)
		民企	0.196	
	2008—2009	央企	0.072	－0.012 (－0.185)
		民企	0.083	
上市公司、子公司及其联营合营公司发明专利和	2007—2008	央企	0.145	0.063 (0.733)
		民企	0.082	
	2008—2009	央企	0.033	0.069 (1.026)
		民企	－0.036	

表 5-5　《考核办法》与企业创新

	(1) $LnPatent_{i,t}$	(2) $LnPatent_{i,t+1}$	(3) $LnPatent_{i,t+2}$	(4) $LnPatent_{i,t}$	(5) $LnPatent_{i,t+1}$	(6) $LnPatent_{i,t+2}$	(7) $LnPatent_{i,t}$	(8) $LnPatent_{i,t+1}$	(9) $LnPatent_{i,t+2}$
Constant	-0.048 (-0.27)	-0.008 (-0.04)	0.112 (0.59)	-10.803*** (-11.53)	-9.901*** (-12.33)	-9.582*** (-11.77)	-5.997*** (-5.85)	-5.062*** (-4.86)	-2.824*** (-3.53)
After	0.714*** (16.00)	0.729*** (16.02)	0.590*** (12.31)	0.065 (1.03)	0.124** (2.17)	-0.024 (-0.40)	0.351*** (7.52)	0.451*** (9.18)	0.386*** (8.45)
Central	0.424*** (5.05)	0.505*** (5.86)	0.545*** (6.02)	0.030 (0.41)	0.136* (1.83)	0.173** (2.21)	0.009 (0.09)	0.203 (1.34)	0.203* (1.76)
After × Central	0.220*** (3.39)	0.165*** (2.58)	0.131* (1.94)	0.188*** (3.25)	0.147** (2.55)	0.122* (1.93)	0.177*** (3.59)	0.120** (2.31)	0.087** (2.12)
Size				0.467*** (12.08)	0.435*** (12.67)	0.419*** (12.17)	0.305*** (7.18)	0.258*** (6.08)	0.157*** (4.91)
Boardsize				0.031 (0.24)	-0.007 (-0.06)	-0.015 (-0.12)	-0.041 (-0.44)	-0.019 (-0.21)	-0.039 (-0.46)
Lev				0.174 (1.04)	0.232 (1.36)	0.249 (1.36)	-0.080 (-0.55)	0.129 (0.84)	0.083 (0.58)
Institution				0.004 (1.15)	0.009** (2.33)	0.014*** (3.57)	0.001 (0.29)	0.002 (0.94)	0.006*** (2.80)
Q				0.057*** (3.15)	0.046** (2.47)	0.038** (1.98)	0.004 (0.39)	0.015 (1.06)	0.006 (0.50)
Cash				-0.137 (-0.79)	-0.142 (-0.78)	-0.178 (-0.93)	-0.163 (-1.22)	-0.203 (-1.45)	-0.121 (-0.85)

续表

	(1) $LnPatent_{i,t}$	(2) $LnPatent_{i,t+1}$	(3) $LnPatent_{i,t+2}$	(4) $LnPatent_{i,t}$	(5) $LnPatent_{i,t+1}$	(6) $LnPatent_{i,t+2}$	(7) $LnPatent_{i,t}$	(8) $LnPatent_{i,t+1}$	(9) $LnPatent_{i,t+2}$
RD				21.522*** (9.07)	18.373*** (9.12)	18.350*** (9.36)	10.046*** (7.35)	4.123*** (2.85)	2.686** (2.14)
Tprofit				-0.228 (-0.17)	-1.813 (-1.27)	-1.704 (-1.19)	1.579** (1.99)	0.114 (0.15)	1.517* (1.69)
Eva				0.327 (0.23)	2.486* (1.67)	2.290 (1.54)	-1.579* (-1.86)	0.360 (0.42)	-1.406 (-1.47)
Staffwage				0.091*** (3.04)	0.081*** (2.66)	0.093*** (2.91)	0.023 (1.06)	0.021 (0.81)	0.041* (1.73)
Wacc				-0.163 (-1.38)	-0.091 (-0.73)	-0.161 (-1.19)	-0.039 (-0.48)	0.158* (1.68)	0.198** (2.40)
Wcr				0.164 (1.16)	0.320** (2.18)	0.378** (2.45)	-0.074 (-0.72)	0.055 (0.50)	-0.059 (-0.51)
Bankloan				-0.548*** (-2.72)	-0.458** (-2.34)	-0.401** (-1.96)	-0.214 (-1.56)	-0.320** (-1.99)	-0.083 (-0.55)
IndustryD	Yes	Yes	Yes	Yes	Yes	Yes	Yes	Yes	Yes
YearD	Yes	Yes	Yes	Yes	Yes	Yes	Yes	Yes	Yes
FE	No	No	No	No	No	No	Yes	Yes	Yes
N	6158	6158	6158	6158	6158	6158	6158	6158	6158
R^2	0.190	0.211	0.211	0.403	0.408	0.401	0.180	0.145	0.094

注：括号中的数字为双尾检验的t值，其中第（1）至第（6）列标准误差经过企业群聚效应调整，第（7）至第（9）列标准误差经过White异方差调整。***、**和*分别表示1%、5%和10%的显著性水平。

新产出的滞后性，本书分别使用当期、未来一期和未来二期的专利数来检验《考核办法》与央企创新的关系。第（1）至第（3）列为不控制任何变量的结果，After 系数显著为正，说明在政策实施后民企（控制组）的创新水平是提高的。交互项 Afterit × Centralit 的系数 β3 显著为正，说明该项新政策促进了央企当期和未来的创新水平的提高，而且央企在《考核办法》实施后的创新提高程度大于民营企业，因此，新的《考核办法》确实促进了央企创新。第（4）至第（6）列加入企业特征控制变量以及年度和行业控制变量，交互项系数 β3 显著为正，显著水平在 10% 以上；第（7）至第（9）列控制企业固定效应，交互项系数 β3 有所下降，说明企业某些不随时间改变的特征是影响企业创新水平的遗漏变量，不控制这些变量会高估央企《考核办法》的作用。但是，固定效应控制了这种内生性问题后，交互项系数显著为正的结果依然存在，无论是当期还是未来期都在 5% 水平显著。这些结果说明，新的《考核办法》确实促进了央企创新。

5.5.2.2 稳健性检验

（1）以地方国有企业为对照组进行 DID 检验。地方政府为贯彻中央的政策理念，在制定相应的政策时会以中央政策为基准。因此，在国务院国资委颁布《考核办法》后，各地区国资委很可能会按照《考核办法》来颁布或者修订业绩考核政策来约束和管理地方国有企业。笔者查找了各地区国资委网站，发现 2009 年国资委颁布新的《考核办法》后，地方国资委如湖南省、陕西省、辽宁省、北京市国资委于 2010—2013 年陆续实行了 EVA 考核。

DID 检验方法要求对照组完全没有受到事件的影响，也就是说，如果以地方国有企业为对照组，就需要笔者剔除所有在 2007—2012 年间实施 EVA 考核的地方国有企业。由于一些地方国资委并没有公开其业绩考核制度的实施时间和考核方法，笔者很难将所有实施 EVA 考核的国有企业剔除。因此，地方国有企业不能作为一个干净的对照组进行 DID 检验。但是，笔者依然可以以地方国有企业为对照组进行稳健性分析。这是因为，EVA 考核对央企和地方国企有相似的影响，那么实行 EVA 的地方国企与央企有相似的创新激励，而不实行 EVA 的地方国有企业则仅仅包含了时间趋势。此时，以地方国有企业为对照组虽然减弱了对政策影响的估计，但可以很好地消除央企实验组中的时间趋势。如果交互项系数显著为正，笔者依然可以验证本书的结论。

表 5 – 6 中第（1）至第（3）列是以央企为实验组、地方国有企业为对照组进行 DID 检验得出的检验结果。可以看出，无论以当期、未来一期还是未来二

期的上市公司及其子公司的发明专利数作为创新代理变量，交互项系数在1%水平上均显著为正。由此笔者可以认为，即使对照组可能存在一些实施了EVA的地方国有企业，政策对创新的影响依然显著为正。如果完全剔除了这些企业，结果只会更显著。

（2）以研发投入作为创新的代理变量进行DID检验。EVA考核直接影响企业的研发投入，因此，本书借鉴潘越等（2015）、袁建国等（2015）的做法，以研发投入作为创新的代理变量进行稳健性检验。笔者采用研发支出与总资产的比值（RDAssets）和研发支出与营业收入的比值（RDSales）来衡量企业研发投入水平，检验结果如表5－6第（4）、第（5）列所示。交互项系数在1%水平上显著为正，表明《考核办法》实施后，央企的研发投入显著增加，该结果与理论分析一致。

表5－6　稳健性检验：地方国有企业为对照组以及研发支出作为创新代理变量

	(1) LnPatenti，t	(2) LnPatenti，t+1	(3) LnPatenti，t+2	(4) RDAsset	(5) RDSales
Constant	−6.377*** (−8.06)	−5.757*** (−7.07)	−3.003*** (−3.56)	0.055*** (5.91)	0.110*** (4.17)
After	0.341*** (8.16)	0.396*** (9.20)	0.333*** (7.48)	0.007*** (14.36)	0.010*** (6.85)
Central	−0.035 (−0.47)	0.133* (1.78)	0.022 (0.28)	0.003** (2.03)	0.009** (2.42)
After × Central	0.101*** (2.78)	0.106*** (2.84)	0.100*** (2.58)	0.002*** (5.06)	0.003** (2.33)
Size	0.303*** (9.05)	0.299*** (8.67)	0.179*** (5.03)	−0.001*** (−4.02)	−0.002** (−2.23)
Boardsize	0.044 (0.53)	−0.092 (−1.10)	−0.070 (−0.80)	−0.000 (−0.03)	−0.000 (−0.13)
Lev	−0.084 (−0.57)	0.056 (0.37)	0.027 (0.17)	−0.013*** (−7.83)	−0.029*** (−6.16)
Institution	−0.002 (−0.83)	−0.004* (−1.77)	0.000 (0.11)	0.000 (0.90)	0.000 (0.23)
Q	−0.001 (−0.09)	0.010 (0.66)	0.015 (1.00)	0.000** (2.14)	0.000 (0.26)

续表

	(1) LnPatenti，t	(2) LnPatenti，t+1	(3) LnPatenti，t+2	(4) RDAsset	(5) RDSales
Cash	0.197 (1.27)	0.125 (0.78)	0.051 (0.31)	-0.007*** (-4.28)	0.007 (1.43)
RD	14.953*** (10.75)	7.675*** (5.36)	5.226*** (3.53)		
Tprofit	1.879* (1.87)	1.617 (1.57)	1.743 (1.63)	-0.425*** (-50.84)	-0.986*** (-41.22)
Eva	-2.257** (-2.14)	-1.269 (-1.17)	-1.742 (-1.55)	0.463*** (52.50)	1.046*** (41.47)
Staffwage	0.053** (2.13)	0.022 (0.88)	0.031 (1.16)	0.001* (1.94)	0.000 (0.62)
Wacc	0.023 (0.29)	0.018 (0.22)	0.088 (1.05)	0.001 (0.81)	0.006** (2.05)
Wcr	0.109 (0.94)	-0.065 (-0.55)	-0.178 (-1.44)	0.001 (0.66)	-0.005 (-1.29)
Bankloan	-0.048 (-0.34)	-0.399*** (-2.70)	-0.304** (-1.99)	0.012*** (6.85)	0.028*** (5.68)
IndustryD	Yes	Yes	Yes	Yes	Yes
YearD	Yes	Yes	Yes	Yes	Yes
FE	Yes	Yes	Yes	Yes	Yes
N	5479	5479	5479	6158	6158
R^2	0.205	0.165	0.102	0.480	0.332

注：括号中的数字为双尾检验的 t 值，其中标准误差经过 White 异方差调整。***、** 和 * 分别表示 1%、5% 和 10% 的显著性水平。

（3）央企高管是否通过研发投入提高 EVA 水平。根据前文所述，《考核办法》主要通过 EVA 指标影响企业创新，而 EVA 的计算调整处理直接影响高管的研发决策，然后通过研发决策影响企业创新。可以说，EVA 对创新的影响并不直接。因此，证明央企高管确实通过研发投入提高 EVA，才能够说明 EVA 考核影响了企业研发，进而影响了企业创新。如果这项证明不成立，笔者有理由认为 2010 年后央企创新水平的提高并不是由《考核办法》引起的。

从表 5-7 的单变量分析可以看出，2010 年后央企 EVA 水平显著提高，说明高管采取了一定措施提高 EVA。笔者进一步检验央企高管是否通过研发投入提高 EVA 水平。由于研发对 EVA 的影响不能直接衡量，笔者检验研发支出对 EVA 水平的边际贡献，如果 2010 年以后边际影响显著增加，说明相对于 EVA 指标中的其他组成部分，研发支出部分所占的比例显著增加，从而间接说明央企通过研发投入提高 EVA。模型设定如下：

$$EVA = \alpha + \beta_1 RD + \beta_2 After_{it} + \beta_3 After_{it} \times RD + \beta'_4 X_{it} + \varepsilon_{it} \quad (5-2)$$

$$EVA = \alpha + \beta_1 Central_{it} \times After_{it} \times RD + \beta'_2 X_{it} + \varepsilon_{it} \quad (5-3)$$

模型（5－2）检验在央企样本中，研发支出与 EVA 水平的相关性在 2010 年前后是否显著不同。模型（5－3）以民营企业为对照组，检验在央企样本中，研发支出与 EVA 水平的相关性在 2010 年前后是否显著不同。模型（5－2）中的交互项系数β_3和模型（5－3）中的三项交互系数β_1表示研发支出对 EVA 的边际影响的变化。根据表 5－7 所示，模型（5－2）的交互项系数在 1% 水平上显著为正，模型（5－3）的三项交互系数在 1% 水平上显著为正，说明 2010 年以后央企研发支出对 EVA 水平的边际影响显著增加。由此可以推断，研发支出是央企高管提高 EVA 水平的一种途径。该结果表明，在《考核办法》的双重激励作用下，高管会通过研发提高 EVA，进而提高企业创新水平。

表 5－7　2010 年以后研发支出对 EVA 的边际影响

	(1) Eva	(2) Eva
Constant	−0.070*** (−9.78)	−0.047*** (−9.85)
After	−0.003*** (−3.46)	0.001* (1.69)
RD	0.747*** (23.98)	0.898*** (41.74)
After × RD	0.135*** (3.91)	−0.053** (−2.19)
Central		0.002*** (3.67)
After × Central		−0.003*** (−4.10)

续表

	(1) Eva	(2) Eva
Central × RD		-0.110*** (-2.67)
After × Central × RD		0.186*** (3.97)
Control	Yes	Yes
IndD	Yes	Yes
YearD	Yes	Yes
FE	Yes	Yes
N	1798	6158
R^2	0.977	0.971

注：括号中的数字为双尾检验的 t 值，其中标准误差经过 White 异方差调整。***、** 和 * 分别表示 1%、5% 和 10% 的显著性水平。

(4) 匹配检验。双重差分法的运用前提除了平行趋势以外，还要求实验组和对照组的选择是随机的，央企长期以来是我国国民经济的支柱，往往涉及影响经济、政治稳定的重要领域，是国家控制国民经济的主要形式（杨瑞龙等，2013）。因此，央企和民企的分组存在一定的自选择问题，需进一步进行稳健性检验。

本书采用倾向匹配得分法（Propensity Score Matching）对实验组和对照组进行匹配。以本书所有控制变量作为企业特征变量对央企与民企分组变量进行 Probit 回归，以预测值作为得分，再以最近邻匹配的方法进行一对一匹配，最后按照模型（5-1）进行回归。结果如表 5-8 所示，无论是不加任何控制变量的双重差分检验结果，还是加入企业特征控制变量、企业固定效应的检验结果，交互项系数的显著性基本不变，仍然支持假设。

由于倾向得分匹配是多维度匹配，可能存在匹配不精准的问题，如笔者虽然以上述所有控制变量进行匹配，但经过匹配后，依然可能有部分变量在实验组和对照组显著不同，因此，笔者仅以一维变量进行匹配，增加匹配的精确性。国有企业往往是大规模的资本密集型企业，民营企业则规模相对较小，规模的不同也导致了两类企业投融资行为的不同，从而影响企业创新。因此，这里仅对总资产进行同年度同行业匹配，使实验组和对照组的规模趋于一致。对于每个

表 5－8　　PSM 匹配后的双重差分检验结果

	(1) $LnPatent_{i,t}$	(2) $LnPatent_{i,t+1}$	(3) $LnPatent_{i,t+2}$	(4) $LnPatent_{i,t}$	(5) $LnPatent_{i,t+1}$	(6) $LnPatent_{i,t+2}$	(7) $LnPatent_{i,t}$	(8) $LnPatent_{i,t+1}$	(9) $LnPatent_{i,t+2}$
Constant	-0.070	-0.153	0.027	-12.322***	-11.057***	-10.567***	-7.214***	-7.612***	-3.408***
	(-0.29)	(-0.53)	(0.09)	(-8.52)	(-9.10)	(-8.48)	(-3.95)	(-4.37)	(-2.59)
After	0.654***	0.630***	0.469***	-0.026	0.054	-0.125	0.175***	0.173**	0.254***
	(8.26)	(8.21)	(5.64)	(-0.23)	(0.55)	(-1.18)	(2.66)	(2.55)	(3.81)
Central	0.184	0.275**	0.333***	-0.015	0.087	0.144	0.301	0.854***	0.504*
	(1.45)	(2.26)	(2.59)	(-0.15)	(0.88)	(1.36)	(1.56)	(2.68)	(1.87)
After × Central	0.270***	0.261***	0.213**	0.129*	0.131*	0.086	0.178***	0.160**	0.112*
	(3.31)	(3.23)	(2.40)	(1.65)	(1.70)	(1.00)	(2.73)	(2.37)	(1.94)
Size				0.531***	0.492***	0.481***	0.328***	0.324***	0.158***
				(9.85)	(10.19)	(10.00)	(4.45)	(4.59)	(2.94)
Boardsize				-0.064	-0.150	-0.218	0.081	0.095	-0.057
				(-0.26)	(-0.68)	(-0.96)	(0.61)	(0.76)	(-0.44)
Lev				0.190	0.182	0.252	-0.135	-0.022	0.076
				(0.64)	(0.62)	(0.80)	(-0.58)	(-0.09)	(0.32)
Institution				-0.001	0.001	0.007	-0.001	-0.002	0.003
				(-0.21)	(0.25)	(1.28)	(0.40)	(-0.63)	(1.03)
Q				0.041	0.054*	0.047	-0.002	0.039*	0.033
				(1.39)	(1.69)	(1.41)	(-0.10)	(1.67)	(1.56)
Cash				-0.226	-0.170	-0.325	-0.361*	-0.168	-0.280
				(-0.68)	(-0.50)	(-0.91)	(-1.66)	(-0.71)	(-1.17)

续表

	(1) $LnPatent_{i,t}$	(2) $LnPatent_{i,t+1}$	(3) $LnPatent_{i,t+2}$	(4) $LnPatent_{i,t}$	(5) $LnPatent_{i,t+1}$	(6) $LnPatent_{i,t+2}$	(7) $LnPatent_{i,t}$	(8) $LnPatent_{i,t+1}$	(9) $LnPatent_{i,t+2}$
RD				27.888*** (5.60)	20.697*** (5.25)	22.474*** (5.91)	12.260*** (5.34)	2.726 (1.17)	3.394 (1.64)
Tprofit				0.520 (0.19)	-3.404 (-1.28)	-2.254 (-0.87)	2.254 (1.35)	-1.200 (-0.83)	0.747 (0.48)
Eva				-0.685 (-0.24)	4.102 (1.46)	2.626 (0.96)	-2.091 (-1.19)	2.124 (1.33)	-0.411 (-0.25)
Staffwage				0.119** (2.41)	0.094** (1.97)	0.096** (2.00)	0.061* (1.79)	0.052 (1.24)	0.084** (2.32)
Wacc				-0.339* (-1.75)	-0.255 (-1.21)	-0.462** (-2.11)	0.018 (0.12)	0.351** (2.16)	0.238* (1.79)
Wcr				0.544** (2.16)	0.709*** (2.81)	0.803*** (3.00)	0.045 (0.27)	-0.053 (-0.30)	0.027 (0.14)
Bankloan				-0.615* (-1.73)	-0.469 (-1.39)	-0.477 (-1.37)	-0.008 (-0.03)	-0.216 (-0.79)	-0.120 (-0.48)
IndustryD	Yes	Yes	Yes	Yes	Yes	Yes	Yes	Yes	Yes
YearD	Yes	Yes	Yes	Yes	Yes	Yes	Yes	Yes	Yes
FE	No	No	No	No	No	No	Yes	Yes	Yes
N	2671	2671	2671	2671	2671	2671	2671	2671	2671
R^2	0.215	0.241	0.242	0.468	0.467	0.466	0.225	0.184	0.113

注：括号中的数字为双尾检验的 t 值，其中标准误差经过 White 异方差调整。***、** 和 * 分别表示 1%、5% 和 10% 的显著性水平。

实验组样本，笔者选择与之总资产最相近、且不超过该实验组样本的总资产的上下 10% 的民企做为对照组，例如，该实验组总资产为 A，那么笔者选择同年度、同行业且总资产在区间［90% ×A，110% ×A］内的民营企业，如果符合条件的民企样本较多，笔者仅选择与 A 最接近的 5 个样本作为对照组（笔者也尝试了 1—4 个，结果差异不大）。最后删除到没有找到配对的实验组和对照组。匹配后，笔者进行 DID 检验，结果如表 5 -9 所示，交互项在 1% 或 5% 水平显著，证明了本书结果的稳健性。

表 5 -9　　　　以总资产进行匹配后的 DID 检验结果

	(1) $LnPatent_{i,t}$	(2) $LnPatent_{i,t+1}$	(3) $LnPatent_{i,t+2}$
Constant	-8.845*** (-6.11)	-7.635*** (-6.16)	-3.475*** (-2.70)
After	0.415*** (5.56)	0.551*** (8.03)	0.475*** (6.67)
Central	-0.019 (-0.13)	0.360** (2.34)	0.237 (1.48)
After × Central	0.178*** (2.72)	0.172*** (3.20)	0.116** (2.08)
Size	0.461*** (8.09)	0.363*** (7.42)	0.181*** (3.58)
Boardsize	0.104 (0.81)	0.055 (0.46)	-0.012 (-0.10)
Lev	-0.266 (-1.14)	0.066 (0.28)	0.254 (1.05)
Institution	0.001 (0.24)	0.001 (0.39)	0.005 (1.53)
Q	-0.002 (-0.09)	0.007 (0.35)	0.011 (0.52)
Cash	-0.125 (-0.60)	0.001 (0.00)	-0.211 (-0.95)
RD	8.409*** (4.35)	1.457 (0.82)	0.913 (0.49)

续表

	(1) $LnPatent_{i,t}$	(2) $LnPatent_{i,t+1}$	(3) $LnPatent_{i,t+2}$
Tprofit	1.045 (0.70)	-2.001 (-1.38)	1.565 (1.04)
Eva	-1.206 (-0.76)	2.807* (1.83)	-1.419 (-0.89)
Staffwage	0.015 (0.40)	0.025 (0.68)	0.094** (2.44)
Wacc	0.111 (1.08)	0.324*** (3.06)	0.297*** (2.71)
Wcr	-0.195 (-1.09)	-0.203 (-1.12)	0.019 (0.10)
Bankloan	-0.096 (-0.42)	-0.562** (-2.44)	-0.178 (-0.75)
IndustryD	Yes	Yes	Yes
YearD	Yes	Yes	Yes
FE	Yes	Yes	Yes
N	3807	3807	3807
R^2	0.231	0.194	0.124

注：括号中的数字为双尾检验的 t 值，其中标准误差经过 White 异方差调整。*** 、** 和 * 分别表示 1% 、5% 和 10% 的显著性水平。

（5）其他稳健性检验：

①采用具有政治关联的民营企业组为对照组。国有企业受到政府的隐形保护，相比于民营企业更可能获得产品市场和要素市场的政策优待，较容易获得低成本的资金，具有较为充足的资金进行研发。这导致了实验组和对照组可能具有不同的时间趋势。根据余明桂和潘红波（2008）、Fan et al.（2008）、于蔚等（2012）等的研究，政治关联的资源效应强化了民营企业的资源获取能力。这意味着有政治关联使民营企业与政府建立良好的关系，有利于部分消除政策歧视，在核心要素供给、税收缴纳以及市场准入等方面获得与国有企业类似的优惠待遇，从而使国有企业和民营企业的差异减弱。因此，笔者以具有政治关联的民营企业为对照组进行 DID 检验，结果如表 5 - 10 中（1）至第（3）列所示，交互项系数显著为正。

②为消除 CEO 变更对本书结果的影响，笔者删除了在新的《考核办法》实施当年 CEO 变更的 201 家公司样本（其中，央企 64 家，民企 137 家），然后进行 DID 检验，结果如表 5－10 所示，交互项系数显著为正。

表 5－10　以具有政治关联的民营企业为对照组以及删除新的《考核办法》实施当年 CEO 变更的公司样本后的 DID 检验结果

	(1) $LnPatent_{i,t}$	(2) $LnPatent_{i,t+1}$	(3) $LnPatent_{i,t+2}$	(4) $LnPatent_{i,t}$	(5) $LnPatent_{i,t+1}$	(6) $LnPatent_{i,t+2}$
Constant	－7.927*** (－7.48)	－6.097*** (－5.44)	－1.787 (－1.55)	－7.433*** (－4.93)	－7.252*** (－5.44)	－3.823*** (－2.78)
After	0.299*** (4.81)	0.530*** (8.07)	0.460*** (6.79)	0.536*** (7.68)	0.538*** (7.98)	0.453*** (6.40)
Central	0.173 (0.80)	0.718*** (3.16)	0.449* (1.92)	－0.036 (－0.21)	0.109 (0.50)	0.254 (1.00)
After × Central	0.190*** (4.12)	0.093* (1.90)	0.042 (0.84)	0.153** (2.37)	0.132** (2.00)	0.174** (2.42)
Size	0.366*** (8.30)	0.281*** (6.03)	0.087* (1.80)	0.400*** (6.20)	0.364*** (6.45)	0.232*** (4.22)
Boardsize	0.099 (0.88)	0.013 (0.11)	－0.126 (－1.02)	－0.064 (－0.52)	0.129 (1.11)	0.057 (0.47)
Lev	－0.406** (－1.97)	－0.002 (－0.01)	0.296 (1.31)	－0.121 (－0.55)	0.080 (0.36)	0.218 (1.05)
Institution	0.001 (0.52)	0.004 (1.31)	0.007** (2.46)	0.001 (0.35)	0.002 (0.76)	0.009*** (2.59)
Q	－0.019 (－1.00)	0.001 (0.05)	－0.007 (－0.33)	－0.013 (－0.79)	0.045** (2.39)	0.029 (1.50)
Cash	－0.371* (－1.80)	－0.349 (－1.60)	－0.399* (－1.78)	－0.425** (－1.98)	－0.274 (－1.42)	－0.149 (－0.75)
RD	10.734*** (6.44)	3.616** (2.05)	2.925 (1.61)	12.009*** (6.87)	2.589 (1.52)	1.417 (0.85)
Tprofit	1.987 (1.46)	－1.374 (－0.95)	0.668 (0.45)	4.353*** (3.77)	0.927 (0.79)	1.777 (1.47)

续表

	(1) $LnPatent_{i,t}$	(2) $LnPatent_{i,t+1}$	(3) $LnPatent_{i,t+2}$	(4) $LnPatent_{i,t}$	(5) $LnPatent_{i,t+1}$	(6) $LnPatent_{i,t+2}$
Eva	-2.000 (-1.38)	2.213 (1.45)	-0.445 (-0.28)	-4.373*** (-3.65)	-0.384 (-0.30)	-1.709 (-1.30)
Staffwage	0.062** (1.99)	0.043 (1.29)	0.092*** (2.69)	0.013 (0.42)	0.004 (0.11)	-0.001 (-0.02)
Wacc	0.009 (0.09)	0.306*** (2.83)	0.360*** (3.22)	0.042 (0.37)	0.054 (0.40)	0.047 (0.39)
Wcr	0.008 (0.05)	0.061 (0.36)	0.165 (0.93)	0.073 (0.43)	0.174 (1.07)	0.070 (0.44)
Bankloan	0.123 (0.57)	-0.303 (-1.33)	-0.106 (-0.45)	-0.127 (-0.57)	-0.234 (-0.94)	-0.321 (-1.50)
IndustryD	Yes	Yes	Yes	Yes	Yes	Yes
YearD	Yes	Yes	Yes	Yes	Yes	Yes
FE	Yes	Yes	Yes	Yes	Yes	Yes
N	3286	3286	3286	5119	5119	5119
R^2	0.220	0.183	0.122	0.196	0.146	0.101

注：括号中的数字为双尾检验的 t 值，其中标准误差经过 White 异方差调整。*** 、 ** 和 * 分别表示 1%、5% 和 10% 的显著性水平。

③笔者采用上市公司及其子公司的三项专利数之和（LnPatent1）、上市公司及其关联公司（子公司、联营公司、合营公司）的发明专利申请数（LnPatent2）、上市公司及其关联公司的三项专利数之和（LnPatent3）分别作为企业创新的代理变量进行稳健性检验，结果如表5-11所示，交互项系数显著为正。总之，以上检验结果保持稳健。

④可能存在潜在的、笔者没有控制的因素影响了实验组和控制组的趋势，而非 EVA 考核的影响。为消除这种可能性，根据 Bertrand and Mullainathan（2003）、Roberts and Toni（2013）、Agrawal（2013）、Gu et al.（2014）、Tan et al.（2015）等文献，笔者采用安慰剂的方法（Placebo Test）检验是否是2010年实施的业绩考核办法引起了企业创新变化。笔者在模型中加入前2年［Before（-2）］、前1年［Before（-1）］、当年［After（0）］、后1年［After（1）］、后2年［After（2）］的时间变量及交互项，新的模型为：

表 5 - 11　变更专利申请数变量的 DID 检验结果

	(1) $LnPatent1_{i,t}$	(2) $LnPatent1_{i,t+1}$	(3) $LnPatent1_{i,t+2}$	(4) $LnPatent2_{i,t}$	(5) $LnPatent2_{i,t+1}$	(6) $LnPatent2_{i,t+2}$	(7) $LnPatent3_{i,t}$	(8) $LnPatent3_{i,t+1}$	(9) $LnPatent3_{i,t+2}$
Constant	-6.848***	-5.838***	-2.750**	-5.626***	-4.945***	-3.242***	-6.485***	-5.863***	-3.420***
	(-5.12)	(-4.89)	(-2.36)	(-5.40)	(-4.67)	(-3.93)	(-4.79)	(-4.90)	(-2.89)
After	0.552***	0.564***	0.429***	0.435***	0.460***	0.372***	0.639***	0.552***	0.386***
	(8.91)	(9.23)	(7.05)	(8.69)	(8.90)	(7.87)	(9.84)	(8.75)	(6.33)
Central	-0.015	0.098	0.186	0.002	0.195	0.196	-0.034	0.094	0.187
	(-0.09)	(0.53)	(0.91)	(0.02)	(1.27)	(1.64)	(-0.21)	(0.51)	(0.91)
After × Central	0.151**	0.147**	0.186***	0.194***	0.137***	0.102**	0.173***	0.165***	0.196***
	(2.54)	(2.46)	(2.96)	(3.74)	(2.58)	(2.41)	(2.82)	(2.76)	(3.06)
Size	0.364***	0.315***	0.193***	0.295***	0.262***	0.174***	0.351***	0.328***	0.222***
	(6.40)	(6.34)	(4.18)	(6.83)	(6.02)	(5.25)	(6.11)	(6.48)	(4.69)
Boardsize	-0.096	0.011	-0.047	-0.047	-0.026	-0.012	-0.102	0.004	-0.052
	(-0.87)	(0.11)	(-0.44)	(-0.49)	(-0.27)	(-0.13)	(-0.90)	(0.04)	(-0.49)
Lev	0.009	0.135	0.150	-0.080	0.158	0.072	-0.003	0.165	0.175
	(0.05)	(0.71)	(0.88)	(-0.52)	(0.98)	(0.49)	(-0.02)	(0.84)	(1.02)
Institution	-0.001	0.002	0.008***	0.001	0.003	0.007***	-0.000	0.002	0.009***
	(-0.42)	(0.62)	(2.75)	(0.61)	(0.95)	(2.90)	(-0.08)	(0.60)	(2.80)
Q	-0.002	0.036**	0.013	-0.001	0.011	0.005	-0.011	0.032*	0.010
	(-0.11)	(2.23)	(0.75)	(-0.10)	(0.78)	(0.35)	(-0.74)	(1.93)	(0.59)
Cash	-0.317*	-0.349**	-0.280	-0.225	-0.301**	-0.183	-0.412**	-0.407**	-0.329*
	(-1.68)	(-2.03)	(-1.63)	(-1.62)	(-2.09)	(-1.25)	(-2.14)	(-2.31)	(-1.89)

续表

	(1) $LnPatent1_{i,t}$	(2) $LnPatent1_{i,t+1}$	(3) $LnPatent1_{i,t+2}$	(4) $LnPatent2_{i,t}$	(5) $LnPatent2_{i,t+1}$	(6) $LnPatent2_{i,t+2}$	(7) $LnPatent3_{i,t}$	(8) $LnPatent3_{i,t+1}$	(9) $LnPatent3_{i,t+2}$
RD	11.843*** (7.44)	2.944* (1.88)	2.581* (1.65)	9.459*** (6.96)	4.053*** (2.70)	3.311** (2.56)	11.212*** (7.14)	2.802* (1.72)	2.975* (1.85)
Tprofit	3.724*** (3.92)	0.703 (0.75)	2.084** (2.14)	1.221 (1.53)	-0.191 (-0.24)	1.531* (1.65)	3.179*** (3.35)	0.512 (0.52)	1.975* (1.91)
Eva	-3.760*** (-3.77)	-0.237 (-0.23)	-2.030* (-1.90)	-1.185 (-1.39)	0.698 (0.81)	-1.376 (-1.39)	-3.175*** (-3.21)	-0.083 (-0.08)	-1.893* (-1.68)
Staffwage	0.019 (0.65)	0.004 (0.13)	0.003 (0.11)	0.014 (0.59)	0.014 (0.54)	0.047* (1.94)	0.019 (0.59)	-0.005 (-0.16)	0.018 (0.62)
Wacc	0.024 (0.23)	0.090 (0.73)	0.059 (0.55)	0.013 (0.16)	0.147 (1.55)	0.210** (2.46)	0.089 (0.84)	0.079 (0.64)	0.055 (0.51)
Wcr	0.039 (0.26)	0.124 (0.88)	0.025 (0.19)	-0.046 (-0.42)	0.065 (0.56)	-0.074 (-0.63)	0.061 (0.39)	0.127 (0.87)	0.003 (0.02)
Bankloan	-0.206 (-1.07)	-0.408* (-1.93)	-0.245 (-1.32)	-0.159 (-1.09)	-0.415** (-2.48)	-0.136 (-0.88)	-0.112 (-0.56)	-0.528** (-2.43)	-0.362** (-1.97)
IndustryD	Yes	Yes	Yes	Yes	Yes	Yes	Yes	Yes	Yes
YearD	Yes	Yes	Yes	Yes	Yes	Yes	Yes	Yes	Yes
FE	Yes	Yes	Yes	Yes	Yes	Yes	Yes	Yes	Yes
N	6158	6158	6158	6158	6158	6158	6158	6158	6158
R^2	0.190	0.140	0.090	0.186	0.145	0.094	0.201	0.141	0.090

注：括号中的数字为双尾检验的 t 值，其中标准误差经过 White 异方差调整。***、** 和 * 分别表示 1%、5% 和 10% 的显著性水平。

$$LnPatent = \alpha + \beta_1 Central_{it} + \beta_2 Before(-2)_{it} + \beta_2 Before(-1)_{it} + \beta_2 After(0)_{it} + \beta_2 After(1)_{it} + \beta_2 After(2)_{it} + \beta_3 Central_{it} \times Before(-2)_{it} + \beta_3 Central_{it} \times Before(-1)_{it} + \beta_3 Central_{it} \times After(0)_{it} + \beta_3 Central_{it} \times After(1)_{it} + \beta_3 Central_{it} \times After(2)_{it} + \beta'_4 X_{it} + \varepsilon_{it} \quad (5-4)$$

结果如表5－12所示，其中，因变量LnPatent1、LnPatent2、LnPatent3、LnPatent4分别为上市公司和子公司的三项专利之和、上市公司和子公司的发明专利之和、上市公司及其附属公司的三项专利之和、上市公司及其附属公司发明专利之和。第（1）至第（4）列为OLS回归结果，第（5）至第（8）列为面板固定效应结果，笔者发现，除了以LnPatent1为创新代理变量没有显著结果以外，其他所有结果的交互项均从2010年开始显著。这说明，2010年的业绩考核办法的修订确实促进了企业创新。

⑤笔者参照Tan et al.（2015）的做法，随机分配实验组和对照组。也就是说，笔者在原参与DID检验的6158个样本中随机选取1798个样本作为实验组，剩余样本作为对照组（这是因为，文章中的DID回归样本中包含了1798个央企样本和4360个民企样本），然后进行DID检验，并记录交互项的系数和t值，该检验重复进行5000次。表5－13为系数及t值的描述性统计。笔者统计了安慰剂检验系数和t值的数量、标准差、均值、中位数以及第5百分位数、25百分位数、75百分位数、95百分位数。从表中可以看出，交互项系数的均值和标准差为负且接近于0，远小于本书所有检验的交互项系数。同样的，除了第5百分位以外，所有t值均不显著。这说明本书的结果并不是随机的。

5.5.3 经济后果检验

国资委引入EVA考核的最终目的是提高企业价值创造能力，因此《考核办法》实施后创新对企业价值是否产生增量作用值得研究。

已有文献指出，创新是企业发展新产品、提供创新服务和创新生产流程的关键，不仅促进了企业的出口潜力，提高了企业对人力资本和有形资产的利用效率，还提高了企业的劳动生产力、销售规模、盈利能力和企业市场价值（Cho and Pucik，2005；Krusinskas et al.，2015）。进一步的，Johnson and Pazderka（1993）、Peters et al.（2013）、Peters et al.（2016）认为，技术创新为企业带来有价值的垄断力量，同时，创新对于企业生产力和收益的贡献随着创新成果的增

表 5 – 12　　安慰剂检验结果（1）

	(1) LnPatent1	(2) LnPatent2	(3) LnPatent3	(4) LnPatent4	(5) LnPatent1	(6) LnPatent2	(7) LnPatent3	(8) LnPatent4
Contant	–12. 181 *** (–12. 16)	–10. 797 *** (–11. 50)	–12. 633 *** (–13. 00)	–11. 135 *** (–12. 07)	–6. 861 *** (–5. 11)	–5. 976 *** (–5. 81)	–6. 474 *** (–4. 77)	–5. 594 *** (–5. 35)
Central	0. 012 (0. 11)	0. 012 (0. 15)	–0. 034 (–0. 33)	–0. 007 (–0. 09)	–0. 013 (–0. 07)	–0. 017 (–0. 15)	–0. 054 (–0. 31)	–0. 040 (–0. 35)
Before (–2)	0. 088 * (1. 71)	0. 098 ** (2. 49)	0. 141 *** (2. 69)	0. 137 *** (3. 40)	0. 153 *** (3. 62)	0. 089 *** (2. 81)	0. 213 *** (4. 86)	0. 138 *** (4. 11)
Before (–1)	0. 146 ** (2. 54)	0. 065 (1. 47)	0. 178 *** (3. 00)	0. 097 ** (2. 13)	0. 350 *** (6. 97)	0. 186 *** (4. 93)	0. 399 *** (7. 48)	0. 233 *** (5. 80)
After (0)	0. 107 * (1. 69)	–0. 030 (–0. 61)	0. 150 ** (2. 31)	0. 017 (0. 34)	0. 354 *** (6. 26)	0. 167 *** (4. 01)	0. 426 *** (7. 15)	0. 237 *** (5. 34)
After (1)	0. 175 ** (2. 57)	0. 065 (1. 19)	0. 212 *** (3. 06)	0. 108 * (1. 93)	0. 476 *** (7. 98)	0. 252 *** (5. 53)	0. 556 *** (8. 78)	0. 332 *** (6. 71)
After (2)	0. 148 * (1. 94)	0. 054 (0. 83)	0. 189 ** (2. 44)	0. 094 (1. 41)	0. 538 *** (8. 12)	0. 333 *** (6. 74)	0. 619 *** (8. 87)	0. 411 *** (7. 75)
Central × Before (–2)	–0. 010 (–0. 12)	0. 010 (0. 15)	0. 036 (0. 44)	0. 054 (0. 83)	–0. 001 (–0. 02)	0. 022 (0. 39)	0. 030 (0. 42)	0. 054 (0. 93)
Central × Before (–1)	–0. 008 (–0. 09)	0. 040 (0. 57)	0. 034 (0. 36)	0. 057 (0. 81)	–0. 005 (–0. 07)	0. 060 (0. 95)	0. 031 (0. 38)	0. 076 (1. 19)

续表

	(1) LnPatent1	(2) LnPatent2	(3) LnPatent3	(4) LnPatent4	(5) LnPatent1	(6) LnPatent2	(7) LnPatent3	(8) LnPatent4
Central × After（0）	0.119 (1.19)	0.213*** (2.71)	0.175* (1.69)	0.238*** (2.90)	0.141 (1.59)	0.201*** (2.88)	0.193** (2.12)	0.230*** (3.18)
Central × After（1）	0.081 (0.76)	0.178** (2.14)	0.150 (1.37)	0.227*** (2.66)	0.098 (1.03)	0.187** (2.44)	0.148 (1.49)	0.226*** (2.85)
Central × After（2）	0.176 (1.54)	0.226** (2.52)	0.248** (2.15)	0.282*** (3.10)	0.208** (2.05)	0.237*** (2.89)	0.247** (2.40)	0.271*** (3.24)
Size	0.555*** (13.45)	0.467*** (12.08)	0.586*** (14.66)	0.490*** (12.85)	0.365*** (6.41)	0.305*** (7.17)	0.351*** (6.11)	0.294*** (6.82)
Boardsize	−0.058 (−0.38)	0.030 (0.23)	−0.113 (−0.76)	−0.008 (−0.06)	−0.101 (−0.91)	−0.045 (−0.49)	−0.107 (−0.95)	−0.051 (−0.54)
Lev	0.417** (1.99)	0.173 (1.04)	0.238 (1.13)	0.051 (0.30)	0.003 (0.02)	−0.085 (−0.58)	−0.009 (−0.05)	−0.086 (−0.56)
Institution	0.004 (0.94)	0.004 (1.16)	0.004 (0.85)	0.004 (1.15)	−0.001 (−0.42)	0.001 (0.30)	−0.000 (−0.07)	0.002 (0.63)
Q	0.025 (1.16)	0.057*** (3.16)	0.029 (1.33)	0.059*** (3.26)	−0.001 (−0.10)	0.005 (0.45)	−0.011 (−0.72)	−0.001 (−0.05)
Cash	−0.264 (−1.21)	−0.137 (−0.79)	−0.341 (−1.55)	−0.222 (−1.27)	−0.326* (−1.73)	−0.168 (−1.25)	−0.419** (−2.17)	−0.231* (−1.66)

续表

	(1) LnPatent1	(2) LnPatent2	(3) LnPatent3	(4) LnPatent4	(5) LnPatent1	(6) LnPatent2	(7) LnPatent3	(8) LnPatent4
RD	25.478*** (10.45)	21.518*** (9.07)	24.600*** (10.26)	20.825*** (8.90)	11.812*** (7.42)	10.023*** (7.33)	11.191*** (7.12)	9.449*** (6.95)
Tprofit	2.159 (1.41)	-0.230 (-0.17)	1.862 (1.22)	-0.481 (-0.36)	3.714*** (3.92)	1.575** (1.99)	3.174*** (3.35)	1.225 (1.53)
Eva	-1.922 (-1.20)	0.329 (0.23)	-1.541 (-0.97)	0.662 (0.47)	-3.750*** (-3.77)	-1.572* (-1.85)	-3.171*** (-3.21)	-1.186 (-1.40)
Staffwage	0.074** (2.06)	0.092*** (3.05)	0.084** (2.29)	0.099*** (3.18)	0.020 (0.70)	0.024 (1.10)	0.020 (0.63)	0.016 (0.64)
Wacc	-0.778*** (-5.22)	-0.164 (-1.38)	-0.795*** (-5.34)	-0.171 (-1.44)	0.024 (0.23)	-0.045 (-0.54)	0.087 (0.81)	0.006 (0.08)
Wcr	0.442** (2.41)	0.164 (1.15)	0.321* (1.76)	0.091 (0.64)	0.034 (0.23)	-0.076 (-0.74)	0.056 (0.36)	-0.047 (-0.43)
Bankloan	-0.885*** (-3.57)	-0.547*** (-2.72)	-0.871*** (-3.50)	-0.524** (-2.58)	-0.202 (-1.05)	-0.213 (-1.55)	-0.109 (-0.55)	-0.160 (-1.09)
IndustryD	Yes	Yes	Yes	Yes	Yes	Yes	Yes	Yes
FE	No	No	No	No	Yes	Yes	Yes	Yes
N	6158	6158	6158	6158	6158	6158	6158	6158
R^2	0.435	0.403	0.433	0.400	0.190	0.180	0.201	0.186

注：括号中的数字为双尾检验的 t 值，其中标准误差经过 White 异方差调整。***、** 和 * 分别表示 1%、5% 和 10% 的显著性水平。

表 5－13　安慰剂检验结果（2）

因变量		N	SD	Mean	P5	P25	Median	P75	P95
$LnPatent_{i,t}$	系数	5000	0.039	－0.001	－0.066	－0.027	－0.001	0.026	0.062
	t 值	5000	1.002	－0.022	－1.716	－0.691	－0.018	0.675	1.599
$LnPatent_{i,t+1}$	系数	5000	0.041	－0.001	－0.068	－0.027	0.000	0.026	0.067
	t 值	5000	0.996	－0.018	－1.699	－0.669	－0.003	0.632	1.631
$LnPatent_{i,t+2}$	系数	5000	0.042	－0.001	－0.072	－0.029	－0.001	0.028	0.068
	t 值	5000	1.005	－0.019	－1.706	－0.682	－0.016	0.653	1.610

加而增加。因此，创新产出越多，创新的价值相关性就越强，创新对企业业绩的边际贡献越大。本书借鉴 Johnson and Pazderka（1993）的方法以创新的价值相关性来检验《考核办法》的经济后果。

笔者将模型设定如下：

$$Q = \alpha + \beta_1 After_{it} + \beta_2 LnPatent + \beta_3 After_{it} \times LnPatent + \beta'_4 X_{it} + \varepsilon_{it} \quad (5-5)$$

$$Q = \alpha + \beta_1 Central_{it} + \beta_2 After_{it} + \beta_3 LnPatent + \beta_4 Central_{it} \times After_{it} + \beta_5 Central_{it} \times LnPatent + \beta_6 After_{it} \times LnPatent + \beta_7 Central_{it} \times After_{it} \times LnPatent + \beta'_8 X_{it} + \varepsilon_{it} \quad (5-6)$$

模型（5－4）检验在央企样本中，企业创新水平对企业价值的影响在2010年前后是否存在差异。模型（5－5）以央企为实验组，以民企为对照组，检验央企创新水平对企业价值的影响在2010年前后是否存在差异。根据王华和黄之骏（2006）、王明琳和周生春（2006）、贺小刚和连燕玲（2009）等的研究，本书采用托宾Q值作为企业价值的代理变量。控制变量Xit除了模型（5－1）中的控制变量以外，笔者还加入了滞后一期的托宾Q值。LnPatent为当期（t期）和滞后一期（t－1期）的专利数对数。

表5－14中第（1）列和第（2）列显示的是当期创新水平对企业价值的影响，第（1）列中After×LnPatent在1%水平上显著为正，第（2）列中三项交互After×Central×LnPatent的系数在5%水平上显著为正，这项结果表明，无论是仅对央企样本进行检验，还是以民营企业为对照组进行检验，当期专利对企业价值的边际贡献在2010年后增加。第（3）列和第（4）列是滞后一期的创新水平对企业价值的影响，结果与前两列相同，说明央企滞后一期的专利对企业价值的边际贡献在2010年后显著增加。以上检验结果表明，第二次修订的《考核办法》提高了创新对企业价值的边际贡献。

表5－14　　　　企业创新水平与企业价值

Variable	(1)	(2)	(3)	(4)
	当期专利对数		滞后一期专利对数	
Constant	7.128*** (10.19)	10.017*** (19.07)	7.261*** (10.38)	10.151*** (19.25)
After	－0.636*** (－7.16)	－0.650*** (－11.10)	－0.620*** (－7.19)	－0.653*** (－11.47)
LnPatent	－0.018 (－0.87)	0.011 (0.47)	0.005 (0.23)	0.035 (1.39)

续表

Variable	(1)	(2)	(3)	(4)
	当期专利对数		滞后一期专利对数	
After × LnPatent	0.063*** (3.07)	-0.001 (-0.04)	0.051** (2.44)	-0.006 (-0.27)
Central		-0.009 (-0.17)		-0.010 (-0.19)
After × Central		0.057 (0.98)		0.075 (1.36)
Central × LnPatent		0.015 (0.48)		0.019 (0.56)
After × Central × LnPatent		0.066** (2.09)		0.059* (1.75)
X	Control	Control	Control	Control
IndustryD	Yes	Yes	Yes	Yes
YearD	Yes	Yes	Yes	Yes
N	1729	5544	1729	5544
R^2	0.569	0.612	0.569	0.613

注：括号中的数字为双尾检验的t值，其中标准误差经过企业群聚效应调整。***、**和*分别表示1%、5%和10%的显著性水平。

5.6 实证结论

本书以2009年国资委对《中央企业负责人经营业绩考核暂行办法》的修订为自然实验，检验央企高管业绩考核制度对企业创新的作用及其经济后果。笔者以手工收集整理的2007—2014年所有A股上市公司及其子公司和联营公司的专利数据为样本，以央企样本为实验组，民企样本为对照组，采用双重差分法，检验结果发现，相对于不受该项制度影响的民营企业来说，央企的创新水平在新政策实施后显著提高。而且，此次修订的考核办法可以显著提高创新对企业价值的边际贡献。笔者还进行了一系列的稳健性检验，如以国有企业为对照组进行双重差分检验、更换创新的代理变量、剔除高管变更干扰、匹配检验等，检验结果依然保持稳健。

本书的研究在理论上不仅有助于从激励机制视角丰富和拓展企业创新影响因素的相关研究，而且有助于从企业创新视角丰富和拓展高管激励经济后果的相关研究。同时，本书的研究结果表明，国有企业即使不进行民营化的产权改革，仅仅通过改变高管的激励机制，就可以显著提高企业的创新水平和企业价值。也就是说，产权民营化很可能并不是提高国有企业效率问题的唯一途径。因此，本书的研究有助于澄清有关民营化产权改革的争议，并为进一步深化国企改革、提高国企效率提供理论依据和政策参考。

第6章　业绩考核制度影响创新的外部机制：基于并购视角

6.1　研究问题

本书已经通过实证证明，民营化不仅不能促进企业创新，甚至抑制企业创新，而业绩考核制度仅仅变更了一个考核指标就能引导高管提高企业内部创新水平。笔者拟进一步检验业绩考核制度对企业外部创新的影响。国有企业高管在职时间较短，而企业创新从研发到产生成果可能需要较长的时间，研发过程还存在较大的不确定性和较高的风险，因此，对于央企高管来说，内部研发可能不是一个较好的创新路径，他们更有可能选择外部并购方式快步获得创新成果。

并购不仅是企业进入目标市场的战略手段，也是获取新技术新知识的战略方法（吴先明和苏志文，2014；冼国明和明秀南，2018；Sevilir and Tian，2012；Bena and Li，2014）。企业通过并购可以拓展潜在的经济规模和范围，使研发强度和风险降低，同时弥补企业现存的创新缺陷（Robinson，2008；Cefis and Marsili，2015；Entezarkheir and Moshiri，2018）。因此，并购，尤其是技术动机的并购是一个企业发展的重要手段。

但是，从代理理论角度分析，高管往往出于个人私利而非股东利益进行决策（Jensen and Meckling，1976）。由于并购可以提高高管薪酬、奖金以及企业控制权等，在信息不对称和缺乏监管时，高管有动机通过并购谋取更多的个人私利，损害股东价值（Morck et al.，1990；Agrawal and Walkling，1994；Bliss and Rosen，2001；Grinstein and Hribar，2004；Deutsch et al.，2007；Harford and Li，2007）。

自 Jensen and Meckling（1976）以来，大量文献研究如何设计高管激励方案以缓解代理问题。Datta et al.（2001）、Shleifer and Vishny（2003）、Zhao（2013）、Knauer et al.（2015）等发现合理的高管的薪酬结构、雇佣合同、考核方式等能够提高并购绩效。不过，这些文献研究的并购绩效主要是并购宣告期间的股价异常收益，或者并购后的企业绩效，鲜有文献研究企业创新相关的高管激励是否能够提高并购的创新绩效。

本书在前文已经证明，央企的业绩考核制度可以提高企业创新水平，这一方面是由于央企业绩考核办法是高管薪酬确定和晋升的依据，高管无论是从个人利益还是职业生涯方面考虑都会按照考核内容约束自身行为。另一方面是由于央企业绩考核以价值为导向，即采用 EVA 指标对企业高管进行业绩考核，并在考核办法中明确鼓励高管进行企业创新。那么，这项考核办法是否能够减少高管在并购决策中的机会主义行为，同时激励高管采用并购的方式增强企业创新能力值得研究。

具体来说，本书拟研究以下 3 个问题：①2010 年的央企业绩考核制度能否激励高管选择创新水平较强的公司实施并购。②在并购完成后，考核办法是否能够激励高管进一步提高目标公司的创新水平。③考核办法是否能够激励高管提高创新成果的价值。本书以 2007—2013 年上市公司数据为样本，以央企为实验组，民企为对照组，选择 2010 年实施的业绩考核办法为事件，采用双重差分法检验业绩考核制度对并购和企业创新的影响。

6.2 理论分析与研究假设

价值导向的高管业绩考核是价值管理（Value Based Management，简称 VBM）的一部分，目的是鼓励高管作出有利于提高企业价值的决策，从而达到股东价值最大化（Rappaport，1998）。目前，关于价值导向的业绩考核有两方面的文献，一方面研究采用价值导向业绩考核的企业所具有的的特征。Lovata and Costigan（2002）、Athanassakos（2007）等研究发现，在代理问题较严重的企业，价值导向的管理体系更加普遍。Dekker et al.（2012）认为资本密集度、高管决策权会影响价值管理在企业中的重要程度。另一方面研究价值管理对企业绩效的影响。多数文献认为价值管理能够提高企业绩效，如 Wallace（1997）对比以剩余收益为考核指标和以传统会计利润为考核指标对高管的影响差异，发现在以剩余收益考核高管业绩的企业投资更少、资产利用率更高、对股东支付更多的红利。Ryan and Trahan（2007）以美国规模较大的企业为样本检验发现，实施价值管理的企业剩余收益显著增加。Firk et al.（2016）以欧美上市公司为样本发现价值导向的业绩考核提高了企业绩效。不过，也有少数文献认为，价值导向的考核与利润导向的考核没有差异（Ittner et al.，2003；Hogan and Lewis，2005）。

国资委于 2004 年 1 月 1 日起实施《中央企业负责人经营业绩考核暂行办法》，这项办法每 3 年进行一次修订，2010 年新颁布的考核办法将考核指标中的净资产收益率替换为经济增加值，说明国资委对央企高管的业绩考核由利润导向转变为价值导向。同时，新的考核办法中多次强调技术创新，并设立激励企业创新的任期特别奖[①]，引导高管重视企业创新。

在上一节中，笔者已经证明《考核办法》实施后，企业研发投入显著增加，而且企业创新水平显著提高。除了内部研发，并购也是企业创新的一种途径，本节分析《考核办法》是否能够激励高管通过并购进行创新。

（1）《考核办法》与并购前目标公司的创新水平

2010 年实施的央企业绩考核制度对高管并购决策的影响主要体现在以下 4 个方面：

①业绩考核制度的创新激励作用。《考核办法》是央企负责人薪酬评级的标准，也是职务任免的重要依据（杨瑞龙等，2013），能够发挥薪酬激励和晋升激励双重作用。缓解高管短期行为、提高企业价值是国资委第二次修订《考核办法》的主要目标。出于职业生涯考虑和保证自身利益的最大化，高管会按照考核要求约束自身行为，减少对短期绩效的过度重视，增加对企业长期发展的考虑，从而使《考核办法》具有创新激励作用。不过，国有企业高管的任期较短，一般只有 2～4 年，而创新活动从研发投入到形成创新成果需要很长的时间[②]，

① 《中央企业负责人经营业绩考核办法》（国资委第 22 号令）中多处提到技术创新。如第一章第五条中：企业负责人经营业绩考核工作影响遵循以下原则……按照科学发展观的要求，推动企业提高战略管理、价值创造、自主创新……；第二章第十条：确定科研类企业的基本指标与分类指标，突出考虑技术创新投入和产出等情况……；第三章第十六条：分类指标由国资委根据企业所处行业特点，综合考虑企业技术创新能力、资源节约和环境保护等因素……；第四章第三十条：对业绩优秀及在自主创新、管理增效、节能减排方面取得突出成绩的，给予任期特别奖。

② 《考核办法》实施后，高管从企业内部提高创新能力需从研发投入和公司治理机制，然而研发人员的选拔、培养和激励以及公司治理机制的改善不是一蹴而就，需要时间的缓冲和各部门的合作，这条途径耗费时间长、难度大。

而且研发的不确定性强、失败率高，风险大。因此，对于高管来说，风险较低的策略是并购一个已经形成创新成果或者具有很强的创新能力的企业，从而快速提高企业的创新水平。

②EVA 指标的创新激励作用。EVA 指标考虑了股权资本成本的影响，在税后净利的基础上扣除股权资本成本。这种扣除计算综合考虑资本的使用效率，可以迫使高管合理使用财务杠杆，控制企业负责人盲目投资扩张、忽视长期发展的行为（Shen et al.，2015）。因此，以 EVA 作为高管的业绩评价指标，有助于高管在做出投资决策时，更多地考虑企业长远发展而非个人利益。并购是企业的一项重要投资（Cai and Vijh，2007），根据现有文献，并购动因包括了提高市场竞争力（Kim and Singal，1993）、获得企业需要的资源（King et al.，2008）、高管谋取私利（Morck et al.，1990；Harford et al.，2012）等。EVA 考核下，高管与股东的利益趋于一致，代理问题得到缓解，企业的并购行为更可能是出于获得提高企业竞争力或者获得资源，包括获得企业需要的创新资源。

③采用并购方式创新可能效率更高。Aghion and Tirole（1994）研究最优的创新组织结构，发现建立独立的研究部门能够提高创新效率。随后，大量文献证明，由于存在代理问题和信息不对称，以及各部门之间的资源竞争，大企业和多元化企业难以激励高管进行高风险项目①（Rotemberg and Saloner，1994；Rajan et al.，2000；Brusco and Panunzi，2005）。Seru（2014）发现，目标公司被多元化公司收购后，创新数量和质量都显著下降，而且，这种研发能力的下降在内部资本市场比较活跃的多元化企业更严重。因此，对于大企业来说，最优策略是并购一个已经具有创新成果的公司，而不是在企业内部进行研发。

④并购可以增加企业复杂程度。《考核办法》在核算经营业绩考核综合得分时，考虑了企业的经营难度，在各指标得分加总的基础上乘以企业经营难度系数②。企业资产总额和职工人数是计算经营难度系数的重要因素，一般来说，企

---

① Brusco and Panunzi（2005）认为集团公司中资源的重分配威胁不利于激励具有长期项目的部门经理，一方面，如果其他部门有更加有利可图的短期项目，集团公司总部很可能终止收益不确定的长期项目，因为这些项目不易监管和评估。所以，执行长期项目的部门经理没有动力发挥最大效用。另一方面，关心资源重分配的部门经理也不愿意将掌握的不利信息披露给总部，加重了总部与部门之间的信息不对称，提高了长期项目的屁股和监管难度。对于总部来说，最有决策是减少这些不确定性强的长期项目，进行可以掌握全部信息的项目。

② 经营难度系数根据企业资产总额、营业收入、利润总额、净资产收益率、职工平均人数、经济增加值等因素加权计算，分类确定。年度经营业绩考核综合得分 =（利润总额指标得分 + 经济增加值指标得分 + 分类指标得分）× 经营难度系数 + 奖励分 - 考核扣分。任期经营业绩考核综合得分 =（国有资本保值增值率指标得分 + 主营业务收入平均增长率指标得分 + 分类指标得分）× 经营难度系数 + 任期内 3 年的年度经营业绩考核结果指标得分 - 考核扣分。

业并购完成后，资产规模和总的职工人数会有所增加，从而提高考核得分，因此，高管有动机通过并购增加考核绩效得分。同时，EVA考核中加入资本成本因素，即使高管在并购时未直接考虑创新因素，并购效率和绩效的提高也会带动企业创新。

基于以上分析，笔者提出第一个假设：

H1：央企高管在《考核办法》实施后，更倾向于并购具有创新成果的公司。

（2）《考核办法》与并购后目标公司的创新水平

并购完成后，企业对目标公司的创新可能存在不同的影响。一方面，正如前文所说，内部资本市场活跃的大公司和多元化公司创新效率较低（Phillips and Zhdanov，2013；Seru，2014）。这是因为内部资本市场较活跃的公司中，风险高、不确定性强的创新项目可能受到资源重分配的威胁，这不利于激励研发部门发挥最大效用，同时，为了获得或者留住现有资源，研发部门的高管可能隐瞒项目的不利信息，导致道德风险问题。意识到这些问题，企业可能更愿意在企业边界以外进行创新，如并购已具有创新成果的公司或者与联营公司和合营公司合作创新（Seru，2014）。因此，即便在《考核办法》的激励下，企业实施并购可能仅仅为了获得并购的目标公司已有的创新成果，当并购完成后，企业并不会进一步支持目标公司创新。

另一方面，企业可能选择更具有创新潜力的公司实施并购，发挥并购的协同增效作用。协同增效是并购的重要动因（Andrade et al.，2001；Betton et al.，2008）。Bena and Li（2014）认为，企业间技术重叠程度越高，越有可能发生并购，被并购方往往是R&D强度较大的企业，并购方与被并购方存在协同增效。Rhodes－Kropf and Robinson（2008）以及Sevilir and Tian（2012）发现通过并购可以获得目标公司的创新能力、优秀人才及其与并购方互补的优质资产，进一步研究发现，并购不仅能促进企业未来创新水平的提高，而且，目标公司并购前的创新水平对并购超额收益、并购后企业的短期、长期经营绩效产生促进作用。因此，高管可能会选择能够发挥协同效用的公司实施并购，而且在并购完成后，企业进一步支持目标公司的研发，从而达到协同增效的作用。《考核办法》对企业价值和创新水平的强调可能能够强化这种作用。

基于以上分析，笔者提出两个对立的假设：

H2a：《考核办法》实施对并购完成后的目标公司的创新水平没有影响。

H2b：《考核办法》实施提高了并购完成后的目标公司的创新水平。

6.3 研究设计与样本选择

6.3.1 样本选择与数据来源

本书以2007—2012年，即新的《考核办法》实施的前后3年为样本区间，选取深沪两市A股中央企业和民营企业上市公司作为初始样本，笔者将最终控制人为国有资产管理委员会的企业界定为央企，将终极控制人为个人或者民营主体界定为民企。然后，笔者查找2007—2012年发生并最终完成的并购事件，筛选出进行股权并购的事件，作为本书的研究样本。这是因为采用股权形式实施并购可以获得目标公司的控制权，从而使用目标公司已经具有的资源。在剔除金融类上市公司、ST、＊ST公司后，本书最终得到2567条观测值，其中，中央企业701条，民营企业1866条。

本书的并购数据来源于同花顺数据库，笔者首先筛选出已完成的股权并购事件，然后手工查找所有目标公司的专利数据。笔者以网络数据采集技术（网络爬虫，Web Spider）在佰腾科技网（http：//www.baiten.cn/）收集了所有目标企业2004—2014年的专利数据，包括发明专利、实用新型专利和外观设计专利。企业财务数据及企业特征数据来源于国泰安数据库、同花顺数据库、Wind数据库以及上市公司年报。为了消除极端值的影响，笔者对连续变量进行1%水平的Winsorize处理。

6.3.2 研究设计

本书以央企样本作为实验组、以民营企业样本作为对照组，采用双重差分法检验《考核办法》的影响。针对假设H1和假设H2，笔者将模型设定如下：

$$LPatent(FPatent, DPantent) = \alpha + \beta_1 After_{it} + \beta'_2 X_{it} + \varepsilon_{it} \quad (6-1)$$

$$LPatent(FPatent, DPantent) = \alpha + \beta_1 Central_{it} + \beta_2 After_{it} + \beta_3 Central_{it} \times After_{it} + \beta'_4 X_{it} + \varepsilon_{it} \quad (6-2)$$

其中，LPatent 表示目标公司在并购宣告前3年的专利和的对数，FPatent 表示目标公司在并购宣告后3年的专利和的对数。根据《中国人民共和国专利法》规定，我国专利分为发明专利、实用新型专利和外观设计专利。本书采用发明专利、实用新型专利、外观设计专利以及这三项专利和分别表示目标公司在并购前和并购后的创新水平。笔者在检验目标公司并购后的创新水平变化时，不能忽略其原有的创新能力，因此，仅仅比较目标公司并购后的创新水平是不够的，还应该考虑并购后的创新水平与并购前的差值，如果这个差异为负，说明目标公司被并购后创新水平降低，这意味着央企在并购了这个目标公司后没有继续使用其创新优势，而并购仅仅是为了获得目标公司已有的创新成果或者其他资源，而没有继续培养目标公司的创新能力。如果这个差异为正，说明央企实施并购后，目标公司的创新优势得到进一步的发挥。因此，本书设置指标 DPatent 衡量目标公司并购前后创新水平的差异，从而进一步检验假设 H2。

模型（6－1）是普通的最小二乘回归，以央企为样本，检验《考核办法》实施前后目标公司在并购前3年和后3年创新水平的变化。但是，这种方法不能控制时间因素和系统性因素的影响，如知识产权保护制度的完善等。因此，笔者进一步采用双重差分法进行检验，如模型（6－2）所示，选择不受《考核办法》影响的企业为样本，控制这些影响所有企业的系统性因素，从而得到比较干净的结果。

虽然《考核办法》实施对象为央企，但是地方政府为贯彻中央的政策，也会对地方国有企业颁布相似的考核政策，从而产生政策的“扩散效应”。因此，地方国有企业不能作为对照组进行考察，而民营企业受到的政治影响较小，其高管业绩考核办法由企业董事会决定，与《考核办法》的实施与否无关，所以，本书采用民营企业作为央企的对照组进行研究。虚拟变量 Central 为1时代表央企（实验组），为0时代表民营企业（控制组）。After 是代表新政策实施前后时间段的虚拟变量，2010年及以后为1，2010年前为0。交互项 Centralit × Afterit 系数反映新政策实施前后央企与民企创新水平变化的差异，根据假设 H1，如果《考核办法》实施后企业更加关注目标公司的创新水平，那么模型（6－1）中的 β2 应显著为正，模型（6－2）的交互项的系数 β3 应显著为正。根据假设 H2，如果《考核办法》实施后企业对于并购完成后的目标公司没有影响，那么模型（6－1）中的 β2 和模型（6－2）的 β3 不显著，如果《考核办法》实施提高了并购完成后的目标公司的创新水平，那么模型（6－1）中的 β2 和模型（6－2）

的 β3 应显著为正。

Xit 是控制变量构成的向量。根据以往文献（付明卫等，2015；Tian and Wang，2014；Hsu et al.，2014；Jia et al.，2016），本书加入以下控制变量：企业层面的变量包括企业规模（Size）、杠杆率（Lev）、机构投资者持股比率（Institution）、企业成长性（Tobin's Q）、企业经营活动产生的现金流量净额（Cf）、管理费用率（Adm）、股权集中度（H1）。此外，本书还设置了年度虚拟变量（YearD）和行业虚拟变量（IndustryD）。模型中各变量的具体定义和度量见表 6－1。

表 6－1　变量定义

变量	符号	变量定义
目标公司并购前 3 年的 3 项专利之和	LPatent	目标公司并购前 3 年的发明专利、实用新型专利、外观设计专利总数加 1，然后取自然对数
目标公司并购前 3 年的发明专利	LPatent1	目标公司并购前 3 年的发明专利数加 1，然后取自然对数
目标公司并购前 3 年的实用新型专利	LPatent2	目标公司并购前 3 年的实用新型专利数加 1，然后取自然对数
目标公司并购前 3 年的外观设计专利	LPatent3	目标公司并购前 3 年的外观设计专利数加 1，然后取自然对数
目标公司并购后 3 年的 3 项专利之和	FPatent	目标公司并购后 3 年的发明专利、实用新型专利、外观设计专利总数加 1，然后取自然对数
目标公司并购后 3 年的发明专利	FPatent1	目标公司并购后 3 年的发明专利数加 1，然后取自然对数
目标公司并购后 3 年的实用新型专利	FPatent2	目标公司并购后 3 年的实用新型专利数加 1，然后取自然对数
目标公司并购后 3 年的外观设计专利	FPatent3	目标公司并购后 3 年的外观设计专利数加 1，然后取自然对数
目标公司并购前后 3 年的 3 项专利和之差	DPatent	计算目标公司并购前后 3 年的发明专利、实用新型专利、外观设计专利总数之差记为 D，如果 D 大于 0，DPatent 为 LnD，如果 D 小于 0，DPatent 为 －Ln（－D）；如果 D 等于 0，DPatent 为 0
目标公司并购前后 3 年的发明专利之差	DPatent1	计算目标公司并购前后 3 年的发明专利数之差记为 D，如果 D 大于 0，DPatent1 为 LnD，如果 D 小于 0，DPatent1 为 －Ln（－D）；如果 D 等于 0，DPatent1 为 0

续表

变量	符号	变量定义
目标公司并购前后3年的实用新型专利之差	DPatent2	计算目标公司并购前后3年的实用新型专利数之差记为D，如果D大于0，DPatent2为LnD，如果D小于0，DPatent2为－Ln（－D）；如果D等于0，DPatent2为0
目标公司并购前后3年的外观设计专利之差	DPatent3	计算目标公司并购前后三年的外观设计专利数之差记为D，如果D大于0，DPatent3为LnD，如果D小于0，DPatent3为－Ln（－D）；如果D等于0，DPatent3为0
股票异常收益率	CAR	根据Sevilir and Tian（2012）计算的并购宣告期间的股票异常收益
企业规模	Size	公司期末总资产的自然对数
杠杆率	Lev	期末债务账面价值与资产账面价值之比
机构投资者持股比率	Institution	机构投资者持有公司股票与公司股票总数之比
成长机会	Q	（每股价格×流通股份数＋每股净资产×非流通股份数＋负债账面价值）/总资产
企业经营活动产生的现金流量净额	Cf	企业期末经营活动产生的现金流量净额与总资产之比
管理费用率	Adm	企业当年的管理费用与营业收入之比
股权集中度	H1	第一大股东持股比例
年度虚拟变量	YearD	控制年度
行业虚拟变量	IndustryD	控制行业。根据中国证监会2012年颁布的《上市公司行业分类指引》划分的上市公司所属行业，本书样本去掉了金融业后，分属于18个行业

6.4　实证检验

6.4.1　描述性统计分析

表6－2列出了所有变量的描述性统计结果。描述性统计中，笔者列出的是

专利数据的原值，而非取对数后的数值，数据显示，无论是哪种专利数，一半以上都是0，这与 Sevilir and Tian（2012）的目标公司数据一致。这说明专利数据存在右偏的特征，在进行实证检验时，应对专利数取自然对数，由于专利数据中的0较多，笔者对专利数加1后取自然对数，以改善数据分布不均匀的问题。同时，并购前的专利数，无论是三项专利和还是每一类专利数，都小于并购后的专利数，这说明目标公司在并购后普遍获得了更多的创新资源，或者并购方与被并购方资源优势互补，协同发展。其他企业特征数据的特征值均与现有文献中一致。

表6-2　　描述性统计

Variable	N	SD	Mean	Max	Median	Min
LPatent	2567	13.980	3.060	301	0	0
LPatent1	2567	8.137	1.170	291	0	0
LPatent2	2567	6.756	1.517	101	0	0
LPatent3	2567	3.895	0.374	130	0	0
FPatent	2567	41.370	7.720	1235	0	0
FPatent1	2567	18.610	3.176	396	0	0
FPatent2	2567	24.220	4.004	837	0	0
FPatent3	2567	5.407	0.539	211	0	0
DPatent	2567	38.43	6.377	1233	0	-52
DPatent1	2567	16.87	2.69	396	0	-18
DPatent2	2567	22.95	3.319	835	0	-20
DPatent3	2567	4.682	0.369	179	0	-52
Size	2567	1.352	21.910	26.840	21.700	19.080
Lev	2567	0.218	0.476	1.215	0.492	0.053
Institution	2567	0.086	0.062	0.391	0.022	0
Cf	2567	0.080	0.044	0.273	0.047	-0.217
Q	2567	1.580	1.913	9.171	1.501	0.182
Adm	2567	0.081	0.091	0.554	0.071	0.009
H1	2567	0.152	0.365	0.760	0.355	0.086

表6-3为各种专利指标的单变量分析。目标公司的创新水平在新的《考核办法》实施前后有显著差异，在《考核办法》实施后，无论是并购前3年的专

利水平还是并购后3年的创新水平都显著提高。这说明，央企在新的《考核办法》实施后，更加关注提高企业创新水平和长期发展，在并购活动中也更倾向于并购创新水平较高的目标公司，而且，在并购完成后，央企依然注重发挥目标公司的创新能力，提高目标公司的创新水平。这项结果初步验证了假设H1和假设H2b。

表6-3　单变量分析

	《考核办法》实施前	《考核办法》实施后	差异	T值
LPatent	0.173	0.639	-0.466	-7.217
LPatent1	0.095	0.35	-0.255	-5.653
LPatent2	0.116	0.439	-0.323	-6.272
LPatent3	0.021	0.088	-0.067	-3.085
FPatent	0.609	1.094	-0.485	-4.334
FPatent1	0.403	0.765	-0.362	-4.087
FPatent2	0.42	0.833	-0.413	-4.526
FPatent3	0.069	0.147	-0.078	-2.249

6.4.2 检验结果与分析

（1）《考核办法》与目标公司创新水平检验结果。本书首先检验《考核办法》与目标公司并购前的创新水平的关系。表6-4列出了新的《考核办法》是否影响央企高管对目标公司的选择的检验。第（1）至第（4）列是以央企为样本进行的检验，检验发现，无论采用发明专利、实用新型专利、外观设计专利还是三项专利和，变量After都显著为正。这项结果说明，新的《考核办法》实施后，央企高管倾向于选择专利成果较多的企业。不过，随着中国知识产权保护制度和司法制度的完善以及地区金融水平的发展，企业的创新水平可能逐年提高[①]，那么本书得出的这项结果可能并不是由《考核办法》的实施引起的。所

① 本书发现1990—2014年上市公司的专利申请数逐年提高，这可能与知识产权保护制度的完善和地区金融的发展有关。

以，笔者采用双重差分法，以不受《考核办法》影响的民营企业为对照组，剔除对所有企业产生影响的时变因素造成的创新水平的变动，从而更准确地识别《考核办法》的影响（见图6－1）。

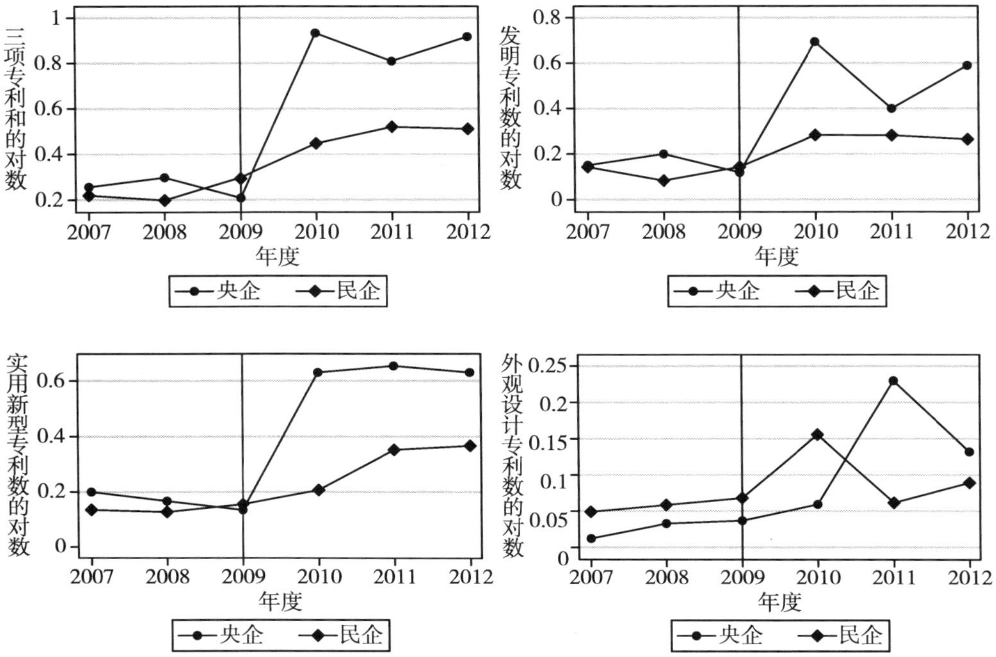

图6－1　目标公司并购前的专利水平趋势

双重差分法运用的前提是实验组和对照组在事件发生前符合平行趋势，也就是说，对照组应该与实验组特征一致，唯一的差别在于是否有事件发生，因此，实验组和对照组的专利趋势在事件发生前应保持一致。图6－1为目标公司在并购前的专利水平趋势。笔者列出了四种专利水平下的平行趋势图。实线表示的是实验组的专利趋势，虚线表示的是对照组的专利趋势。从图6－1可以看出，在《考核办法》实施前，实验组和对照组的专利趋势基本保持一致，而在《考核办法》实施后，两组的专利趋势差异逐渐拉大，这种特征在三项专利和、发明专利、实用新型专利的趋势图中表现的非常明显，而且在《考核办法》实施的第一年专利水平显著提高，而在第二年和第三年略有下降。这说明《考核办法》的实施激励央企高管选择并购创新水平较高的目标公司。比较特殊的是外观设计专利的趋势图，实验组和对照组符合平行趋势，但实验组的专利水平低于对照组，在《考核办法》实施后的第二年，实验组专利水平超过对照组，但在第三年下降。可能在《考核办法》实施初期，央企高管更重视质量较高的发明专利和实用新型专利，而实施一年后，在国资委对央企进行考核时，并没有区分创新的质量，而只注重创新的数量，因此央企高管放低了并购标准，机会主义地选择并购具有较多外观设计专利的目标公司。不过，在总体上来说，《考核办法》实施后央企高管并购的目标公司创新水平显著提高。

在验证了平行趋势假设后，本书采用双重差分法检验《考核办法》实施对并购的影响。表 6 –4 的第（5）至第（8）列为双重差分检验的结果。结果表明，无论采用发明专利、实用新型专利、外观设计专利还是三项专利和来表示创新水平，交互项 Central × After 的系数都在 1% 或 5% 水平上显著为正，说明新的《考核办法》激励央企高管选择并购那些具有更多创新成果的目标公司，这项结论支持了假设 1。

表 6 –4　　《考核办法》与目标公司并购前的创新水平

	(1) LPatent	(2) LPatent1	(3) LPatent2	(4) LPatent3	(5) LPatent	(6) LPatent1	(7) LPatent2	(8) LPatent3
Constant	–2. 966 ** (–2. 56)	–2. 409 *** (–2. 80)	–2. 306 ** (–2. 30)	–0. 266 (–0. 67)	–1. 629 *** (–2. 76)	–1. 458 *** (–3. 44)	–1. 175 ** (–2. 38)	–0. 0208 (–0. 10)
After	0. 728 *** (3. 97)	0. 478 *** (3. 51)	0. 543 *** (3. 50)	0. 136 ** (2. 25)	0. 283 *** (3. 32)	0. 132 ** (2. 13)	0. 228 *** (3. 39)	0. 0320 (1. 10)
Central					0. 00162 (0. 02)	0. 0251 (0. 51)	0. 000880 (0. 02)	–0. 0268 (–1. 25)
Central × After					0. 385 *** (3. 17)	0. 238 *** (2. 65)	0. 298 *** (2. 99)	0. 105 ** (2. 16)
Size	0. 108 ** (2. 10)	0. 0992 ** (2. 54)	0. 0817 * (1. 91)	0. 00513 (0. 28)	0. 0615 ** (2. 28)	0. 0603 *** (3. 12)	0. 0429 * (1. 89)	–0. 00151 (–0. 16)
Lev	–0. 0701 (–0. 20)	–0. 0786 (–0. 32)	0. 00817 (0. 03)	–0. 142 (–1. 29)	–0. 0845 (–0. 68)	–0. 0570 (–0. 64)	0. 0153 (0. 15)	–0. 0625 (–1. 45)
Institution	–1. 048 ** (–2. 13)	–0. 603 (–1. 62)	–0. 852 ** (–2. 04)	–0. 0105 (–0. 05)	0. 0137 (0. 05)	–0. 0546 (–0. 29)	–0. 00694 (–0. 03)	–0. 00650 (–0. 06)
Cf	–0. 324 (–0. 39)	–0. 00425 (–0. 01)	–0. 495 (–0. 69)	–0. 427 ** (–2. 49)	0. 437 (1. 64)	0. 334 * (1. 89)	0. 362 (1. 63)	0. 147 (1. 43)
Q	0. 139 ** (2. 27)	0. 0883 ** (2. 11)	0. 130 ** (2. 39)	0. 0265 (1. 55)	0. 0393 ** (2. 20)	0. 0281 ** (2. 21)	0. 0285 * (1. 94)	0. 00585 (0. 90)

续表

	(1) LPatent	(2) LPatent1	(3) LPatent2	(4) LPatent3	(5) LPatent	(6) LPatent1	(7) LPatent2	(8) LPatent3
Adm	0.869 (0.86)	0.715 (0.87)	0.129 (0.17)	0.0229 (0.06)	0.319 (1.14)	0.382* (1.81)	0.0636 (0.31)	−0.0533 (−0.50)
H1	0.009 (0.02)	−0.216 (−0.77)	0.046 (0.14)	0.087 (0.53)	0.186 (1.07)	0.057 (0.48)	0.135 (0.92)	0.104 (1.55)
YearD	Yes	Yes	Yes	Yes	Yes	Yes	Yes	Yes
IndustryD	Yes	Yes	Yes	Yes	Yes	Yes	Yes	Yes
N	701	701	701	701	2567	2567	2567	2567
R^2	0.152	0.121	0.139	0.0786	0.0989	0.0794	0.0834	0.0258

注：括号中的数字为双尾检验的 t 值，所有检验的标准误差经过企业群聚效应调整。***、**和*分别表示1%、5%和10%的显著性水平。

本书进一步检验《考核办法》与目标公司并购后的创新水平的关系。表6－5的第（1）至第（4）列按照模型（6－1）检验了央企并购的目标公司并购后的专利水平变化。结果表明，目标公司并购后的三项专利和、发明专利、实用新型专利在新的《考核办法》实施后显著增加，但外观设计专利没有显著变化。这项结果表明，央企在并购后依然关注目标公司的创新活动，在进行资源分配时，至少不会减少目标公司的研发创新资金。当然，这项结果也可能是目标公司已有的创新能力导致的，因为笔者已经证明《考核办法》实施后，央企倾向于并购创新水平较强的目标公司，那么其他条件不变的前提下，这些目标公司在并购后也会产生较多的专利。

图6－2为目标公司在并购后的专利水平趋势。笔者列出了四种专利水平下的平行趋势图。从图6－2可以看出，除了外观设计专利外，在《考核办法》实施前，实验组和对照组的专利趋势基本保持一致，而在《考核办法》实施后，两组的专利趋势差异逐渐拉大，与并购前的专利水平趋势类似，目标公司在《考核办法》实施的第一年专利水平显著提高，而在第二年和第三年略有下降。这说明《考核办法》的实施激励央企高管选择并购创新水平较高的目标公司。比较特殊的是外观设计专利的趋势图，实验组和对照组不符合平行趋势，因此在进行双重差分检验时，这项结果不具备解释力。

在验证了平行趋势假设后，本书采用双重差分法检验《考核办法》实施对目标公司并购后创新水平的影响。表6－5的第（5）至第（8）列为双重差分检

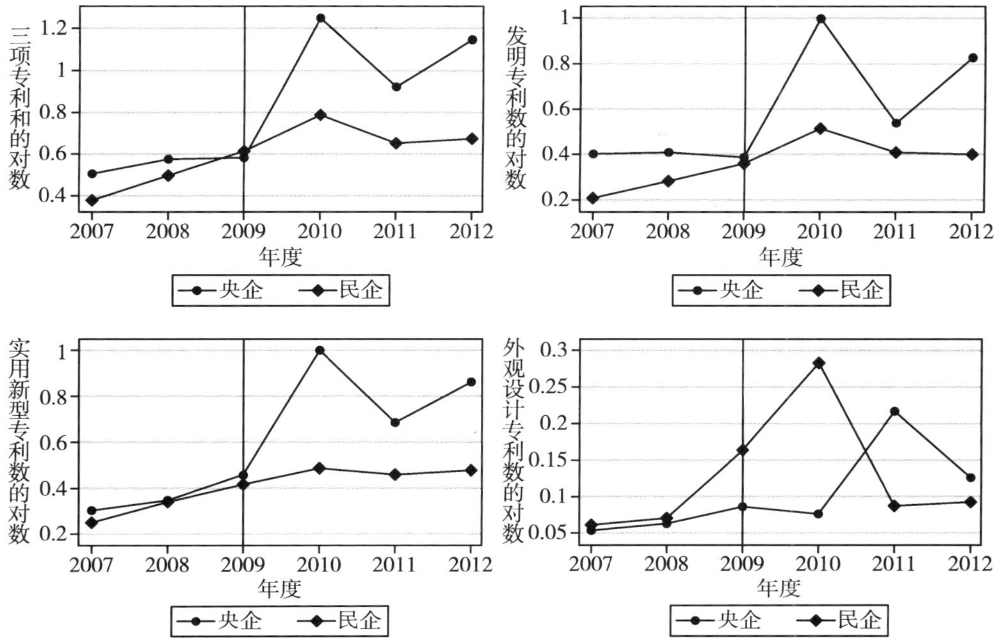

图 6－2　目标公司并购前的专利水平趋势

验的结果。结果表明，除了外观设计专利外，采用发明专利、实用新型专利和三项专利和来表示创新水平，交互项 Central × After 的系数都在 5% 水平上显著为正。图 6－2 可以看出，外观设计专利的趋势图不符合平行趋势，因为这项结果不具有解释力。

表 6－5　　《考核办法》与目标公司并购后的创新水平

	(1) FPatent	(2) FPatent1	(3) FPatent2	(4) FPatent3	(5) FPatent	(6) FPatent1	(7) FPatent2	(8) FPatent3
Constant	−2.604* (−1.86)	−2.134** (−2.01)	−2.510* (−1.96)	−0.126 (−0.26)	−0.963 (−1.22)	−1.164** (−2.12)	−0.821 (−1.21)	−0.190 (−0.66)
After	0.489* (1.84)	0.497** (2.32)	0.441** (1.99)	0.0551 (0.68)	0.211* (1.95)	0.174** (2.24)	0.189** (2.21)	0.0166 (0.46)
Central					0.114 (1.07)	0.112 (1.44)	0.0644 (0.74)	−0.0268 (−0.82)
Central × After					0.342** (2.19)	0.230** (1.97)	0.310** (2.41)	0.0591 (1.04)

续表

	(1) FPatent	(2) FPatent1	(3) FPatent2	(4) FPatent3	(5) FPatent	(6) FPatent1	(7) FPatent2	(8) FPatent3
Size	0.0818 (1.36)	0.0616 (1.30)	0.0836 (1.57)	-0.000314 (-0.01)	0.0366 (1.04)	0.0473* (1.88)	0.0245 (0.81)	0.00350 (0.27)
Lev	0.310 (0.61)	0.483 (1.16)	0.209 (0.50)	-0.109 (-1.07)	-0.0102 (-0.06)	0.0689 (0.49)	0.0766 (0.52)	0.00543 (0.10)
Institution	-1.411* (-1.73)	-1.075 (-1.59)	-0.660 (-1.03)	-0.131 (-0.72)	0.284 (0.64)	0.308 (0.97)	0.150 (0.40)	0.00781 (0.05)
Cf	0.861 (0.70)	1.035 (1.06)	0.644 (0.63)	-0.628** (-2.00)	0.595 (1.55)	0.454* (1.68)	0.463 (1.43)	0.280* (1.85)
Q	0.166* (1.89)	0.141* (1.93)	0.143* (1.78)	0.0120 (0.50)	0.0451 (1.52)	0.0320 (1.62)	0.0423 (1.57)	0.00170 (0.19)
Adm	1.239 (0.91)	1.040 (0.91)	1.324 (1.16)	0.109 (0.36)	0.401 (1.06)	0.499* (1.74)	0.118 (0.39)	0.101 (0.80)
H1	0.360 (0.65)	0.185 (0.43)	0.265 (0.58)	0.262 (1.59)	0.395* (1.71)	0.174 (1.12)	0.338* (1.75)	0.147* (1.72)
YearD	Yes	Yes	Yes	Yes	Yes	Yes	Yes	Yes
IndustryD	Yes	Yes	Yes	Yes	Yes	Yes	Yes	Yes
N	701	701	701	701	2567	2567	2567	2567
R^2	0.136	0.120	0.124	0.0529	0.0876	0.0779	0.0735	0.0279

注：括号中的数字为双尾检验的 t 值，所有检验的标准误差经过企业群聚效应调整。***、**和*分别表示1%、5%和10%的显著性水平。

正如前文所说，仅仅研究目标公司并购后的的创新水平是不够的，由于《考核办法》实施后，央企高管对目标公司的选择与之前不同，那么并购后的创新绩效也可能不同。因此，笔者进一步研究《考核办法》实施对目标公司并购前后的创新水平差异的影响。如果目标公司并购前后的创新水平差异比《考核办法》实施前增加（正向增加，即目标公司并购后的创新水平大于并购前），那么央企高管在制度实施后依然注重培养目标公司的创新能力，或者是高质量的并购发挥了协同增效作用。

表6-6是《考核办法》与目标公司并购前后的创新水平差异的检验结果。第（1）至第（4）列是以央企为样本的OLS检验结果，虽然前3列的After系数为正，但是有实用新型专利的系数在5%水平上显著。第（5）至第（8）列为双重

表 6－6　《考核办法》与目标公司并购前后的创新水平差异

	(1) DPatent	(2) DPatent1	(3) DPatent2	(4) DPatent3	(5) DPatent	(6) DPatent1	(7) DPatent2	(8) DPatent3
Constant	−2.058* (−1.70)	−1.644* (−1.74)	−2.342** (−2.41)	−0.129 (−0.33)	−0.750 (−1.23)	−0.758* (−1.74)	−0.672 (−1.38)	−0.353 (−1.62)
After	0.292 (1.37)	0.396** (2.39)	0.271 (1.59)	−0.0229 (−0.34)	0.0888 (0.91)	0.125* (1.79)	0.0965 (1.24)	0.00529 (0.15)
Central					0.131* (1.69)	0.125** (2.26)	0.0509 (0.82)	−0.0185 (−0.67)
Central × After					0.278** (2.44)	0.174** (2.12)	0.243*** (2.66)	−0.00206 (−0.05)
Size	0.0581 (1.15)	0.0347 (0.88)	0.0779* (1.92)	0.00637 (0.40)	0.0245 (0.91)	0.0252 (1.30)	0.0162 (0.75)	0.0133 (1.37)
Lev	0.491 (1.45)	0.648** (2.46)	0.298 (1.10)	−0.0351 (−0.33)	0.174 (1.21)	0.197* (1.90)	0.155 (1.34)	0.0474 (0.92)
Institution	−1.154* (−1.74)	−0.887* (−1.72)	−0.337 (−0.63)	−0.217 (−1.03)	0.215 (0.69)	0.144 (0.64)	0.0764 (0.30)	0.0575 (0.51)
Cf	1.215 (1.36)	1.086 (1.56)	1.207* (1.68)	−0.671** (−2.36)	0.487 (1.51)	0.359 (1.55)	0.442* (1.72)	0.171 (1.48)
Q	0.137** (2.35)	0.130*** (2.87)	0.118** (2.53)	−0.00258 (−0.14)	0.0433* (1.95)	0.0274* (1.71)	0.0432** (2.42)	0.00410 (0.51)
Adm	1.590 (1.53)	1.346* (1.66)	1.695** (2.03)	0.0623 (0.19)	0.359 (1.00)	0.329 (1.28)	0.0417 (0.15)	0.0957 (0.75)
H1	0.385 (0.90)	0.322 (0.97)	0.185 (0.54)	0.123 (0.91)	0.325* (1.87)	0.198 (1.59)	0.303** (2.18)	0.00508 (0.08)
YearD	Yes	Yes	Yes	Yes	Yes	Yes	Yes	Yes
IndustryD	Yes	Yes	Yes	Yes	Yes	Yes	Yes	Yes
N	701	701	701	701	2567	2567	2567	2567
R^2	0.101	0.0977	0.0944	0.0264	0.0598	0.0576	0.0513	0.0137

注：括号中的数字为双尾检验的 t 值，所有检验的标准误差经过企业群聚效应调整。***、** 和 * 分别表示 1%、5% 和 10% 的显著性水平。

差分的检验结果，在扣除了时间趋势影响后，目标公司三项专利和、发明专利和实用新型专利在并购后显著增加。Seru（2014）发现并购后目标公司的专利水平显著下降，这主要是由于企业的集团结构不利于对创新项目的投资。而本书结果意味着，央企的《考核办法》可以激励高管投资不确定性较强、风险较高的创新项目，减少由于信息不对称而削减研发部门资金的行为。

（2）稳健性检验。为了检验本书结论的稳健性，本书进行了以下 2 个检验。

以地方国企作为对照组进行双重差分检验。正如前文所说，民企虽然不受事件的影响，但是央企和民企从企业目标、财务特征等方面还是存在一些差异。因此，笔者以地方国企作为对照组进行检验，不过，地方国有企业可能会受到事件的影响，这是由于国资委对央企实施的政策代表了国资委对国有企业的管理导向，地方国资委会追随中央国资委实施类似的政策。所以，地方国企和央企受到《考核办法》的影响方向应该是一致的，以地方国企作为对照组除了扣除时间趋势以外，也扣除了部分事件影响，此时交互项系数及其显著性是被低估的。

表 6 – 7 是检验结果。第（1）至第（3）列检验目标公司并购前的创新水平，第（4）至第（6）列检验目标公司并购后的创新水平，第（7）至第（9）列检验目标公司并购前后创新水平差异。从表 6 – 7 可以看出，无论是并购前还是并购后，目标公司的创新水平都显著提高，结论与前文一致。但目标公司三项专利和和发明专利在并购前后的差异不显著，不过交互项系数为正，显著性接近 10%，可能是以地方国企作为对照组扣除了部分事件影响。因此，这项结果基本上与前文一致。

（3）匹配检验。实验组和对照组可能存在差异，因此，笔者以企业规模作为匹配变量，对实验组样本匹配倾向值最相近的对照组样本，最终获得 701 个实验组样本和 806 个对照组样本。表 6 – 8 为采用 PSM 匹配后的双重差分检验结果。第（1）至第（3）列检验目标公司并购前的创新水平，第（4）至第（6）列检验目标公司并购后的创新水平，第（7）至第（9）列检验目标公司并购前后的差异，交互项系数均在 1% 或 5% 水平上显著为正，证明了本书结论的稳健性。

6.4.3　分组检验

本书进一步检验央企本身的特征对并购创新型公司的影响。以上检验结果表

表 6-7　以地方国有企业为对照组检验《考核办法》对目标公司创新水平的影响

	(1) LPatent	(2) LPatent1	(3) LPatent2	(4) FPatent	(5) FPatent1	(6) FPatent2	(7) DPatent	(8) DPatent1	(9) DPatent2
Constant	-2.175***	-1.595***	-1.645***	-2.159***	-1.738***	-1.856***	-1.549***	-1.170***	-1.611***
	(-3.49)	(-3.38)	(-3.17)	(-3.72)	(-3.83)	(-3.95)	(-2.69)	(-2.66)	(-3.56)
After	0.147	0.133*	0.127*	0.273**	0.237***	0.109	0.204*	0.180**	0.0319
	(1.50)	(1.75)	(1.78)	(2.54)	(2.82)	(1.25)	(1.91)	(2.21)	(0.38)
Central	-0.0693	0.000187	-0.0358	0.124*	0.112**	0.0647	0.170**	0.133**	0.0770
	(-1.12)	(0.00)	(-0.73)	(1.78)	(2.05)	(1.14)	(2.44)	(2.50)	(1.41)
Central × After	0.420***	0.221**	0.317***	0.225**	0.149*	0.283***	0.159	0.130	0.224**
	(3.43)	(2.35)	(3.24)	(2.00)	(1.70)	(3.11)	(1.43)	(1.53)	(2.55)
Size	0.0950***	0.0694***	0.0670***	0.0925***	0.0669***	0.0788***	0.0638***	0.0395**	0.0670***
	(3.56)	(3.47)	(3.02)	(3.77)	(3.49)	(3.98)	(2.63)	(2.13)	(3.51)
Lev	-0.0664	-0.0547	0.0539	0.135	0.109	0.179	0.206	0.155	0.205
	(-0.41)	(-0.46)	(0.42)	(0.81)	(0.83)	(1.33)	(1.24)	(1.23)	(1.58)
Institution	-0.696***	-0.503***	-0.372*	-1.039***	-0.781***	-0.629***	-0.858***	-0.602***	-0.529**
	(-3.04)	(-3.31)	(-1.89)	(-3.52)	(-3.38)	(-2.63)	(-2.93)	(-2.69)	(-2.30)
Cf	-0.519	-0.371	-0.395*	-0.293	-0.235	-0.201	-0.180	-0.0592	-0.0379
	(-1.61)	(-1.48)	(-1.68)	(-0.83)	(-0.85)	(-0.70)	(-0.51)	(-0.22)	(-0.14)
Q	0.0666***	0.0507***	0.0399**	0.0945***	0.0695***	0.0581***	0.0775***	0.0530***	0.0574***
	(2.68)	(2.59)	(2.09)	(3.70)	(3.48)	(2.81)	(3.06)	(2.74)	(2.89)

续表

	(1) LPatent	(2) LPatent1	(3) LPatent2	(4) FPatent	(5) FPatent1	(6) FPatent2	(7) DPatent	(8) DPatent1	(9) DPatent2
Adm	0.292 (0.71)	0.189 (0.57)	0.180 (0.61)	0.155 (0.34)	0.325 (0.91)	0.254 (0.69)	0.146 (0.32)	0.368 (1.06)	0.298 (0.84)
H1	0.145 (0.81)	0.074 (0.57)	0.157 (1.07)	0.157 (0.89)	0.129 (0.93)	0.160 (1.12)	0.039 (0.22)	0.059 (0.44)	0.026 (0.19)
YearD	Yes	Yes	Yes	Yes	Yes	Yes	Yes	Yes	Yes
IndustryD	Yes	Yes	Yes	Yes	Yes	Yes	Yes	Yes	Yes
N	2035	2035	2035	2035	2035	2035	2035	2035	2035
R^2	0.129	0.0976	0.116	0.123	0.102	0.106	0.0856	0.0712	0.0709

注：括号中的数字为双尾检验的 t 值，所有检验的标准误差经过企业群聚效应调整。***、** 和 * 分别表示 1%、5% 和 10% 的显著性水平。

表 6-8　进行 PSM 匹配后检验《考核办法》对目标公司创新水平的影响

	(1) LPatent	(2) LPatent1	(3) LPatent2	(4) FPatent	(5) FPatent1	(6) FPatent2	(7) DPatent	(8) DPatent1	(9) DPatent2
Constant	-1.772** (-2.21)	-1.629*** (-2.80)	-1.268* (-1.90)	-1.193 (-1.48)	-1.311** (-2.10)	-1.082 (-1.64)	-1.101 (-1.37)	-0.956 (-1.58)	-1.099* (-1.71)
After	0.259* (1.87)	0.0519 (0.52)	0.258** (2.31)	0.0470 (0.31)	0.0814 (0.70)	0.0751 (0.61)	-0.110 (-0.74)	0.0436 (0.39)	-0.0407 (-0.34)
Central	-0.00716 (-0.08)	0.00270 (0.05)	0.0103 (0.15)	0.0578 (0.63)	0.0737 (1.04)	0.0302 (0.40)	0.0516 (0.57)	0.0842 (1.23)	0.0175 (0.24)

续表

	(1) LPatent	(2) LPatent1	(3) LPatent2	(4) FPatent	(5) FPatent1	(6) FPatent2	(7) DPatent	(8) DPatent1	(9) DPatent2
Central × After	0.353** (2.56)	0.271*** (2.83)	0.262** (2.29)	0.413*** (2.95)	0.266** (2.45)	0.397*** (3.46)	0.394*** (2.82)	0.207** (1.97)	0.347*** (3.11)
Size	0.0712** (2.00)	0.0726*** (2.84)	0.0493 (1.65)	0.0484 (1.37)	0.0536** (1.97)	0.0378 (1.31)	0.0411 (1.17)	0.0333 (1.26)	0.0386 (1.38)
Lev	-0.165 (-0.78)	-0.137 (-0.91)	-0.0360 (-0.21)	-0.0160 (-0.07)	0.0625 (0.35)	0.0882 (0.47)	0.167 (0.73)	0.199 (1.16)	0.133 (0.73)
Institution	-0.0289 (-0.07)	-0.0546 (-0.20)	0.0544 (0.13)	0.230 (0.53)	0.213 (0.64)	0.393 (1.12)	0.214 (0.50)	0.0380 (0.12)	0.313 (0.91)
Cf	0.121 (0.28)	0.0656 (0.24)	0.0431 (0.12)	0.696 (1.44)	0.495 (1.32)	0.499 (1.26)	0.628 (1.31)	0.439 (1.21)	0.563 (1.47)
Q	0.0595* (1.91)	0.0404* (1.81)	0.0461* (1.78)	0.0621* (1.83)	0.0415 (1.58)	0.0585** (2.11)	0.0580* (1.71)	0.0363 (1.42)	0.0578** (2.14)
Adm	0.651 (1.07)	0.692 (1.42)	0.0790 (0.18)	1.258** (2.07)	1.185** (2.51)	0.655 (1.31)	1.225** (2.02)	0.928** (2.03)	0.466 (0.96)
H1	0.123 (0.51)	-0.0416 (-0.27)	0.0701 (0.34)	0.295 (1.24)	0.0811 (0.44)	0.244 (1.25)	0.248 (1.05)	0.125 (0.70)	0.158 (0.84)
YearD	Yes	Yes	Yes	Yes	Yes	Yes	Yes	Yes	Yes
IndustryD	Yes	Yes	Yes	Yes	Yes	Yes	Yes	Yes	Yes
N	1507	1507	1507	1507	1507	1507	1507	1507	1507
R^2	0.119	0.0924	0.103	0.105	0.0867	0.0908	0.0740	0.0632	0.0658

注：括号中的数字为双尾检验的 t 值，所有检验的标准误差经过企业群聚效应调整。***、** 和 * 分别表示 1%、5% 和 10% 的显著性水平。

明，新的《考核办法》激励高管选择具有创新成果的目标公司实施并购，并在并购完成后进一步发挥目标公司的创新优势。那么什么特征的央企会选择并购创新能力较强的公司值得研究。本书根据《考核办法》的内容，拟研究央企创新水平、央企年度业绩考核指标以及央企高管任期对并购的影响。

（1）按照央企的创新水平分组。根据《考核办法》的内容，创新水平较低的央企可能会选择并购一个创新成果丰富的目标公司，从而快速获得目标公司已有的创新成果。因此，笔者按照并购前一年上市公司及其子公司的三项专利和是否为0分组，检验不同创新水平下的央企对目标公司选择的差异，结果如表6－9所示。除了目标公司的外观设计专利外，笔者发现在央企本身专利成果较低组比较高组更倾向于并购具有创新成果的公司。这项结果表明，新的《考核办法》确实能够发挥创新激励作用，不过，高管有不同的方式提高企业的创新水平，本身创新水平较差的情况下，更倾向于通过并购的方式获得创新成果。

表6－9　按照央企的创新水平分组检验—目标公司并购前创新水平

	(1)	(2)	(3)	(4)	(5)	(6)	(7)	(8)
	LPatent		LPatent1		LPatent2		LPatent3	
	专利＝0	专利＞0	专利＝0	专利＞0	专利＝0	专利＞0	专利＝0	专利＞0
Constant	－1.281* (－1.74)	－1.514 (－1.56)	－1.235** (－2.21)	－1.406** (－2.02)	－0.707 (－1.22)	－1.331 (－1.58)	－0.0753 (－0.49)	0.242 (0.57)
After	0.362*** (4.23)	0.129 (0.86)	0.184*** (3.12)	0.0475 (0.42)	0.260*** (3.74)	0.136 (1.15)	0.0510* (1.92)	0.00302 (0.06)
Central	0.0888 (0.92)	－0.106 (－1.06)	0.0555 (0.82)	－0.0131 (－0.19)	0.0884 (1.19)	－0.0703 (－0.87)	－0.00605 (－0.32)	－0.0730** (－2.08)
Central × After	0.532** (2.41)	0.364** (2.33)	0.342** (2.04)	0.194* (1.70)	0.455** (2.52)	0.267** (2.07)	0.0820 (1.46)	0.131* (1.86)
Control	Yes	Yes	Yes	Yes	Yes	Yes	Yes	Yes
YearD	Yes	Yes	Yes	Yes	Yes	Yes	Yes	Yes
IndustryD	Yes	Yes	Yes	Yes	Yes	Yes	Yes	Yes
N	1272	1295	1272	1295	1272	1295	1272	1295
R^2	0.142	0.0727	0.114	0.0583	0.122	0.0689	0.0328	0.0308

注：括号中的数字为双尾检验的t值，所有检验的标准误差经过企业群聚效应调整。***、**和*分别表示1%、5%和10%的显著性水平。

笔者也进一步分组检验并购完成后目标公司的创新水平和目标公司并购前

后创新水平差异。笔者仅研究了目标公司三项专利和和发明专利，结果如表6－10所示。在上市公司并购前一年专利水平较低一组的交互项系数大于专利水平较高组，说明在并购前一年专利为0的央企比专利大于0的央企更注重培养目标公司的创新能力。因此，创新水平较低的央企在并购完成后会为目标公司提供更好地创新环境，从而使目标公司的创新水平更高。

表6－10　　按照央企的创新水平分组检验—目标公司并购后创新水平及并购前后创新水平差异

	(1)	(2)	(3)	(4)	(5)	(6)	(7)	(8)
	FPatent		FPatent1		DPatent		DPatent1	
	专利＝0	专利＞0	专利＝0	专利＞0	专利＝0	专利＞0	专利＝0	专利＞0
Constant	−0.789 (−0.81)	−1.135 (−0.87)	−1.010 (−1.46)	−1.383 (−1.43)	−0.550 (−0.64)	−1.251 (−0.94)	−0.624 (−1.04)	−1.155 (−1.21)
After	0.300** (2.28)	0.0353 (0.21)	0.198** (2.26)	0.103 (0.80)	0.154 (1.26)	−0.0357 (−0.21)	0.108 (1.42)	0.0995 (0.77)
Central	0.0137 (0.11)	0.0738 (0.50)	0.0245 (0.29)	0.103 (0.94)	−0.000971 (−0.01)	0.122 (0.84)	−0.00896 (−0.13)	0.141 (1.35)
Central × After	0.541** (2.27)	0.352* (1.66)	0.368** (2.13)	0.219 (1.35)	0.466** (2.09)	0.293 (1.40)	0.310* (1.94)	0.168 (1.09)
Control	Yes	Yes	Yes	Yes	Yes	Yes	Yes	Yes
YearD	Yes	Yes	Yes	Yes	Yes	Yes	Yes	Yes
IndustryD	Yes	Yes	Yes	Yes	Yes	Yes	Yes	Yes
N	1272	1295	1272	1295	1272	1295	1272	1295
R^2	0.115	0.0686	0.0918	0.0640	0.0718	0.0573	0.0584	0.0577

注：括号中的数字为双尾检验的t值，所有检验的标准误差经过企业群聚效应调整。***、**和*分别表示1%、5%和10%的显著性水平。

（2）按照业绩考核指标得分分组。根据《考核办法》规定，央企高管的业绩考核分为年度考核和任期考核，其中年度考核指标利润总额和经济增加值（EVA）分别占30分和40分，任期考核指标国有资产保值增值率和主营业务收入增长率分别占40分和20分。因此，经济增加值和国有资产保值增值率是比较重要的考核指标，笔者分别按照这2个指标分类，检验不同分类下央企高管对于目标公司的选择以及并购完成后对目标公司采取的政策。如果央企高管的某项考核指标较低，他们有动机通过其他途径证明自己的业绩或者能力，而提高企业创新水平是《考核办法》中明确鼓励的，所以央企高管可能通过并购快速获得专利成果，同时缓解高管的机会主义并购，更加充分地发挥并购协同增效作用。笔者预测，无论是哪种指标较低，都可能促进央企高管并购创新型公司，并在并购完成后进一步鼓励目标公司创新。

首先，本书以 EVA 水平分年度分行业计算中位数，并区分 EVA 较高组和 EVA 较低组。表 6－11 为目标公司并购前创新水平的检验结果。从表中可以看出，EVA 较高组的交互项系数和显著性都低于 EVA 较低组，这意味着，当央企的 EVA 较低时，高管为了证明他们的绩效并不差，会采用并购的方式和快速获得目标公司的创新水平①。

表 6－11　按照 EVA 水平分组检验—目标公司并购前创新水平

	(1)	(2)	(3)	(4)	(5)	(6)	(7)	(8)
	LPatent		LPatent1		LPatent2		LPatent3	
	EVA 较高	EVA 较低	EVA 较高	EVA 较低	EVA 较高	EVA 较低	EVA 较高	EVA 较低
Constant	-2.375**	-0.357	-1.812***	-0.717	-2.232***	0.0690	-0.0760	0.288
	(-2.46)	(-0.42)	(-2.69)	(-1.12)	(-2.64)	(0.11)	(-0.21)	(1.16)
After	0.312**	0.323***	0.0946	0.211***	0.293**	0.229***	0.0470	0.0326
	(2.05)	(3.49)	(0.80)	(3.39)	(2.43)	(3.19)	(0.96)	(0.93)
Central	-0.0685	0.159*	-0.0160	0.123*	-0.0541	0.130**	-0.0336	-0.00958
	(-0.66)	(1.80)	(-0.23)	(1.84)	(-0.63)	(2.01)	(-1.30)	(-0.27)
Central × After	0.300*	0.417**	0.213*	0.232*	0.237*	0.308**	0.0875	0.109*
	(1.86)	(2.55)	(1.79)	(1.90)	(1.71)	(2.41)	(1.38)	(1.70)
Control	Yes	Yes	Yes	Yes	Yes	Yes	Yes	Yes
YearD	Yes	Yes	Yes	Yes	Yes	Yes	Yes	Yes
IndustryD	Yes	Yes	Yes	Yes	Yes	Yes	Yes	Yes
N	1301	1266	1301	1266	1301	1266	1301	1266
R^2	0.115	0.111	0.0918	0.0915	0.103	0.0971	0.0340	0.0423

注：括号中的数字为双尾检验的 t 值，所有检验的标准误差经过企业群聚效应调整。***、** 和 * 分别表示 1%、5% 和 10% 的显著性水平。

① 当然，笔者也无法排除另外一种可能，EVA 在计算时要扣除资本成本，大规模的并购可能会提高企业的资本成本，从而降低企业的 EVA。

笔者进一步分组检验并购完成后目标公司的创新水平和目标公司并购前后创新水平差异，结果如表6－12所示。EVA较高组与EVA较低组交互项系数都不显著，可见EVA的高低不影响并购后目标公司的创新水平。这也说明了央企高管进行并购可能仅仅是为了获得目标公司已有的创新水平，在并购后是否继续支持目标公司的创新与EVA无关。

表6－12　按照EVA水平分组检验—目标公司并购后创新水平及并购前后创新水平差异

	(1)	(2)	(3)	(4)	(5)	(6)	(7)	(8)
	FPatent		FPatent1		DPatent		DPatent1	
	EVA较高	EVA较低	EVA较高	EVA较低	EVA较高	EVA较低	EVA较高	EVA较低
Constant	－1.145 (－0.87)	0.627 (0.60)	－1.261 (－1.34)	－0.395 (－0.54)	－0.637 (－0.49)	0.486 (0.61)	－0.732 (－0.80)	－0.369 (－0.63)
After	0.198 (1.13)	0.318** (2.43)	0.202 (1.50)	0.227** (2.35)	0.0821 (0.47)	0.189 (1.53)	0.189 (1.44)	0.140 (1.57)
Central	0.0860 (0.53)	0.270* (1.96)	0.127 (1.09)	0.185* (1.75)	0.103 (0.66)	0.282** (2.13)	0.166 (1.49)	0.158 (1.57)
Central × After	0.296 (1.25)	0.283 (1.51)	0.167 (0.92)	0.212 (1.49)	0.298 (1.23)	0.146 (0.85)	0.111 (0.60)	0.158 (1.22)
Control	Yes	Yes	Yes	Yes	Yes	Yes	Yes	Yes
YearD	Yes	Yes	Yes	Yes	Yes	Yes	Yes	Yes
IndustryD	Yes	Yes	Yes	Yes	Yes	Yes	Yes	Yes
N	1301	1266	1301	1266	1301	1266	1301	1266
R^2	0.101	0.0899	0.0920	0.0767	0.0738	0.0605	0.0703	0.0607

注：括号中的数字为双尾检验的t值，所有检验的标准误差经过企业群聚效应调整。***、**和*分别表示1%、5%和10%的显著性水平。

然后，本书以国有资本保值增值率分年度分行业计算中位数，并区分较高组和较低组。表6－13为目标公司并购前创新水平的检验结果。从表中可以看出，除了目标公司的外观设计专利外，国有资产保值增值率较高组的交互项系数和显著性都低于较低组，这意味着，当央企的国有资产保值增值率较低时，高管为了证明他们的绩效并不差，可能会采用并购的方式快速获得目标公司的创新水平。

表 6－13　按照国有资本保值增值率分组检验—目标公司并购前创新水平

	(1)	(2)	(3)	(4)	(5)	(6)	(7)	(8)
	LPatent		LPatent1		LPatent2		LPatent3	
	较高	较低	较高	较低	较高	较低	较高	较低
Constant	－2.097**	－1.191	－2.018***	－0.872	－1.670**	－0.711	0.0425	－0.0671
	(－2.54)	(－1.51)	(－3.44)	(－1.55)	(－2.50)	(－1.12)	(0.18)	(－0.19)
After	0.269**	0.271**	0.126	0.116	0.221**	0.222***	0.0348	0.0325
	(2.20)	(2.55)	(1.50)	(1.53)	(2.11)	(2.64)	(0.81)	(0.78)
Central	0.0426	－0.0290	0.0358	0.0239	0.0347	－0.0316	－0.0332	－0.0184
	(0.42)	(－0.33)	(0.53)	(0.39)	(0.43)	(－0.47)	(－1.34)	(－0.58)
Central × After	0.296	0.466***	0.135	0.311***	0.233	0.371***	0.113*	0.0888
	(1.35)	(3.06)	(0.83)	(2.88)	(1.31)	(3.02)	(1.65)	(1.31)
Control	Yes	Yes	Yes	Yes	Yes	Yes	Yes	Yes
YearD	Yes	Yes	Yes	Yes	Yes	Yes	Yes	Yes
IndustryD	Yes	Yes	Yes	Yes	Yes	Yes	Yes	Yes
N	1352	1215	1352	1215	1352	1215	1352	1215
R^2	0.105	0.104	0.0952	0.0811	0.0828	0.0938	0.0313	0.0309

注：括号中的数字为双尾检验的 t 值，所有检验的标准误差经过企业群聚效应调整。***、** 和 * 分别表示 1%、5% 和 10% 的显著性水平。

笔者进一步分组检验并购完成后目标公司的创新水平和目标公司并购前后创新水平差异，结果如表 6－14 所示。与上一部分检验的 EVA 水平分组不同，国有资本保值增值率较高组的交互项系数都不显著，而较低组都在 10%、5% 或者 1% 水平上显著，且较低组的交互项系数大于较高组，这说明，国有资产保值增值率影响央企高管对目标公司采取的政策。如果企业资产保值增值率低，那么央企高管会支持目标公司继续创新，从而可能提高企业资本保值增值率。

通过以上两个指标的分组可以看出，EVA 和国有资产保值增值率都会影响企业的并购决策，在这两个指标较低时，央企高管有动机并购具有创新成果的公司，从而提高企业的创新水平，向监管部门传递信息，证明高管按照《考核办法》为企业发展做出的努力。但是，在并购后专利水平及并购前后专利水平差异方面，两种分组结果不同。可以说，EVA 水平的高低没有影响高管对目标公司的决策，这是因为，当完成并购后，目标公司创新与央企的其他部门创新可能没有太大的差异，都需要较长时间、较大资金投入以及含有较高风险，如果

表 6 – 14　按照国有资本保值增值率分组检验—目标公司并购后创新水平及并购前后创新水平差异

	(1)	(2)	(3)	(4)	(5)	(6)	(7)	(8)
	FPatent		FPatent1		DPatent		DPatent1	
	较高	较低	较高	较低	较高	较低	较高	较低
Constant	–1.482 (–1.32)	–0.626 (–0.62)	–1.672** (–2.12)	–0.753 (–1.06)	–1.303 (–1.19)	–0.445 (–0.45)	–1.228 (–1.62)	–0.328 (–0.47)
After	0.200 (1.30)	0.194 (1.36)	0.129 (1.15)	0.194* (1.83)	0.0951 (0.64)	0.0626 (0.45)	0.0672 (0.64)	0.167 (1.62)
Central	0.263 (1.63)	0.00176 (0.01)	0.172 (1.44)	0.0711 (0.75)	0.249 (1.60)	0.0436 (0.35)	0.153 (1.35)	0.113 (1.23)
Central × After	0.174 (0.64)	0.540*** (2.87)	0.0711 (0.34)	0.364** (2.54)	0.125 (0.46)	0.455** (2.52)	0.0546 (0.26)	0.263* (1.91)
Control	Yes	Yes	Yes	Yes	Yes	Yes	Yes	Yes
YearD	Yes	Yes	Yes	Yes	Yes	Yes	Yes	Yes
IndustryD	Yes	Yes	Yes	Yes	Yes	Yes	Yes	Yes
N	1352	1215	1352	1215	1352	1215	1352	1215
R^2	0.0939	0.100	0.0815	0.0893	0.0594	0.0788	0.0544	0.0735

注：括号中的数字为双尾检验的 t 值，所有检验的标准误差经过企业群聚效应调整。***、** 和 * 分别表示 1%、5% 和 10% 的显著性水平。

仅仅是为了提高 EVA 水平，目标公司的作用可能不大。但是，目标公司继续创新有助于提高国有资本保值增值，因此在并购完成后，央企高管依然会支持目标公司创新。

（3）按照高管任期分组。创新从投入到产出需要较长的时间，甚至可能超过了高管的任期。央企高管任期时间较短，一般在 3 – 4 年，可能投入资源后高管不能在卸任前获得创新成果，那么创新的投入就不能为高管带来收益。因此，高管在任的时间越长，距离其卸任的时间就越短，投入创新资源后获得成果的可能性就越低，他们有动机选择快速获得创新成果的途径，即并购已具有创新成果的公司，从而迅速提高央企的创新水平。表 6 – 15 和表 6 – 16 分别检验了高管任期分组下的并购前、并购后创新水平及其差异的检验。检验结果表明，在任时间越长的高管，越有可能并购创新水平高的目标公司，而且在并购完成后，继续支持目标公司的创新。

表 6-15　　按照高管任期分组检验—目标公司并购前创新水平

	(1)	(2)	(3)	(4)	(5)	(6)	(7)	(8)
	LPatent		LPatent1		LPatent2		LPatent3	
	任期长	任期短	任期长	任期短	任期长	任期短	任期长	任期短
Constant	-2.055*** (-2.74)	-1.119 (-1.29)	-1.575*** (-3.02)	-1.265** (-1.97)	-1.279** (-2.01)	-0.968 (-1.37)	-0.406 (-1.38)	0.349 (1.55)
After	0.165 (1.10)	0.392*** (4.18)	0.103 (0.90)	0.156** (2.37)	0.115 (0.99)	0.349*** (4.57)	0.0192 (0.40)	0.0418 (1.19)
Central	-0.0181 (-0.18)	0.0785 (0.82)	0.0302 (0.43)	0.0399 (0.56)	-0.0240 (-0.29)	0.0788 (1.10)	-0.0266 (-0.97)	-0.00798 (-0.26)
Central × After	0.494*** (3.09)	0.199 (1.16)	0.326*** (2.73)	0.0969 (0.81)	0.372*** (2.78)	0.170 (1.19)	0.115* (1.87)	0.0679 (1.08)
Control	Yes	Yes	Yes	Yes	Yes	Yes	Yes	Yes
YearD	Yes	Yes	Yes	Yes	Yes	Yes	Yes	Yes
IndustryD	Yes	Yes	Yes	Yes	Yes	Yes	Yes	Yes
N	1214	1353	1214	1353	1214	1353	1214	1353
R^2	0.111	0.102	0.0980	0.0798	0.0877	0.0964	0.0337	0.0353

注：括号中的数字为双尾检验的 t 值，所有检验的标准误差经过企业群聚效应调整。*** 、** 和 * 分别表示 1%、5% 和 10% 的显著性水平。

表 6-16　　按照高管任期分组检验—目标公司并购后创新水平及并购前后创新水平差异

	(1)	(2)	(3)	(4)	(5)	(6)	(7)	(8)
	FPatent		FPatent1		DPatent		DPatent1	
	任期长	任期短	任期长	任期短	任期长	任期短	任期长	任期短
Constant	-2.479*** (-2.69)	0.684 (0.83)	-2.218*** (-3.17)	0.0175 (0.03)	-2.169** (-2.35)	0.920 (1.13)	-1.712** (-2.53)	0.360 (0.62)
After	0.217 (1.50)	0.216 (1.63)	0.198* (1.81)	0.150 (1.52)	0.146 (1.00)	0.0479 (0.36)	0.176* (1.66)	0.0728 (0.78)
Central	0.126 (1.08)	0.244** (2.27)	0.0700 (0.80)	0.241*** (3.03)	0.0949 (0.82)	0.292*** (2.73)	0.0656 (0.77)	0.261*** (3.45)
Central × After	0.411** (2.48)	0.0995 (0.62)	0.294** (2.34)	0.0572 (0.48)	0.314* (1.89)	0.0741 (0.46)	0.205* (1.69)	0.0477 (0.42)

续表

	(1)	(2)	(3)	(4)	(5)	(6)	(7)	(8)
	FPatent		FPatent1		DPatent		DPatent1	
	任期长	任期短	任期长	任期短	任期长	任期短	任期长	任期短
Control	Yes	Yes	Yes	Yes	Yes	Yes	Yes	Yes
YearD	Yes	Yes	Yes	Yes	Yes	Yes	Yes	Yes
IndustryD	Yes	Yes	Yes	Yes	Yes	Yes	Yes	Yes
N	1214	1353	1214	1353	1214	1353	1214	1353
R^2	0.115	0.102	0.105	0.0845	0.0857	0.0738	0.0765	0.0685

注：括号中的数字为双尾检验的 t 值，所有检验的标准误差经过企业群聚效应调整。*** 、** 和 * 分别表示 1%、5% 和 10% 的显著性水平。

6.5　经济后果检验

根据已有文献，创新是企业发展新产品、提供创新服务和创新生产流程的关键（Krusinskas et al.，2015）。一方面，技术创新促进了企业的出口潜力，提高了企业对人力资本和有形资产的利用效率，进而提高了企业的投资效率（Eberhart et al.，2004；Coad and Rao，2008）。另一方面，技术创新提高了企业的劳动生产力、销售规模、盈利能力和企业市场价值（Geroski and Machin，1992；Cho and Pucik，2005；Leeuwen and Klomp，2006；Yan et al.，2008）。因此，本书进一步研究《考核办法》实施能否促进并购产生的创新成果对企业业绩的贡献。

通过并购可以获得目标公司的创新能力、优秀人才及其与并购方互补的优质资产，并扩大企业在市场的竞争优势。根据 Johnson and Pazderka（1993）、Crespi and Zuniga（2012）的研究，企业的创新成果为企业带来有价值的垄断力量，从而为企业提供竞争优势，创新规模越大，创新的价值相关性就越强，创新对企业业绩的边际贡献越大。Robinson（2008）以及 Sevilir and Tian（2012）也分别验证了并购对企业业绩和并购超额收益的促进作用。因此笔者认为，《考核办法》实施后，随着并购的增加，创新成果对企业业绩的贡献增加。另外，EVA 考核在税后净利的基础上扣除股权资本成本，衡量了企业获得的超过股东要求的最低回报，更加真实地体现高管的努力程度，缓解信息不对称导致的高管机会主义行为，提高企业资源配置效率。这就为企业创新向企业生产力和绩效的转化提供良好的治理环境，促进了这种转化效率的提高。

因此，笔者进一步检验《考核办法》实施后，并购产生的创新成果对企业绩效的边际贡献。将模型设定如下：

$$CAR = \alpha + \beta_1 Central_{it} + \beta_2 After_{it} + \beta_3 Central_{it} \times After_{it} + \beta_4 Central_{it} \times Dum + \beta_5 After_{it} \times Dum + \beta_6 Central_{it} \times After_{it} \times Dum + \beta'_7 X_{it} + \varepsilon_{it} \quad (6-3)$$

模型（6－3）是以双重差分的方法检验《考核办法》实施前后目标公司的创新水平对企业绩效的边际贡献。根据 Sevilir and Tian（2012），笔者以事件研究法计算并购宣告期间的股票异常收益，以此衡量企业绩效（CAR）。具体来说，本书按照并购宣告日前的50—250 天的日个股收益率与市场收益率预测并购宣告日窗口期的异常收益，再将窗口期的异常收益累加。笔者计算了并购宣告日前后 3 天［－3，3］、5 天［－5，5］、10 天［－10，10］的股票异常收益，变量分别为 CAR7、CAR11、CAR21。Dum 为虚拟变量，在不同的模型中分别表示不同专利水平的分类变量，当 LPatent（FPatent 或 DPatent）大于 0 时取 1，当 LPatent（FPatent 或 DPatent）等于 0 时取 0。X 为控制变量，在对并购后创新水平和并购前后创新水平的差异进行检验时，笔者还控制了并购前的创新水平 LPatent。如果《考核办法》实施后，目标公司的创新水平对企业绩效的边际影响增加，那么模型（3）的 β6 显著为正。

表 6－17 列示了检验结果，笔者发现，无论采用并购前后 3 天、5 天还是 10 天的股票异常收益，三项交互 Centrol × After × Dum 的系数基本上显著为正。也就是说，《考核办法》实施后，目标公司在并购前的创新水平对企业绩效的边际贡献增加，这可能是由于创新在形成一定的规模后，为企业带来有价值的垄断力量，从而为企业提供竞争优势。同时，《考核办法》实施后，目标公司在并购后的创新水平和并购前后的创新差异对企业绩效的边际贡献增加，在控制了并购前的创新水平后，这项结果依然存在，这意味着市场能够在并购宣告时识别目标公司并购后能够发挥的创新水平以及央企对目标公司创新项目的投资策略。

表 6－17　　目标公司创新水平对企业绩效的影响

	(1)	(2)	(3)	(4)	(5)	(6)	(7)	(8)	(9)
	CAR7			CAR11			CAR21		
	Lpatent	Fpatent	Dpatent	Lpatent	Fpatent	Dpatent	Lpatent	Fpatent	Dpatent
Contant	0.138** (2.28)	0.147 (1.64)	0.160* (1.78)	0.20*** (2.74)	0.212* (1.77)	0.224* (1.86)	0.29*** (3.08)	0.320* (1.80)	0.342* (1.95)
Centrol	−0.0151* (−1.81)	−0.0111 (−1.05)	−0.00808 (−0.76)	−0.025** (−2.49)	−0.0246 (−1.64)	−0.0217 (−1.47)	−0.0259* (−1.95)	−0.0235 (−1.13)	−0.0170 (−0.83)
After	−0.0186* (−1.88)	−0.0188 (−1.21)	−0.0182 (−1.15)	−0.0196 (−1.62)	−0.0191 (−1.17)	−0.0180 (−1.09)	−0.0294* (−1.86)	−0.0285 (−1.31)	−0.0251 (−1.13)
Dum	−0.00122 (−0.10)	−0.00280 (−0.22)	0.00801 (0.60)	−0.00325 (−0.22)	−0.00192 (−0.13)	0.0103 (0.65)	−0.0295 (−1.52)	−0.0151 (−0.79)	0.00265 (0.14)
Centrol × After	0.00335 (0.26)	−0.00051 (−0.04)	0.00336 (0.27)	0.00336 (0.21)	0.00199 (0.13)	0.00629 (0.39)	0.00195 (0.10)	−0.00339 (−0.16)	−0.00262 (−0.12)
Centrol × Dum	0.00301 (0.14)	−0.0102 (−0.53)	−0.0223 (−1.11)	0.0254 (0.96)	0.0146 (0.61)	0.00518 (0.21)	0.0262 (0.76)	0.0122 (0.36)	0.00187 (0.05)
After × Dum	0.00455 (0.31)	−0.00307 (−0.21)	−0.00406 (−0.26)	0.00449 (0.25)	−0.00670 (−0.38)	−0.00589 (−0.31)	0.0240 (1.03)	−0.00250 (−0.12)	−0.00431 (−0.20)
Centrol × After × Dum	0.059** (2.17)	0.064** (2.14)	0.066** (1.97)	0.0623* (1.84)	0.0622* (1.75)	0.0604 (1.54)	0.0746* (1.69)	0.0822* (1.78)	0.0887* (1.75)
LPatent		0.007** (2.12)	0.0074* (1.73)		0.009** (2.27)	0.0092* (1.73)		0.011** (2.17)	0.00951 (1.53)

续表

	(1)	(2)	(3)	(4)	(5)	(6)	(7)	(8)	(9)
	CAR7			CAR11			CAR21		
	Lpatent	Fpatent	Dpatent	Lpatent	Fpatent	Dpatent	Lpatent	Fpatent	Dpatent
Control	Yes	Yes	Yes	Yes	Yes	Yes	Yes	Yes	Yes
YearD	Yes	Yes	Yes	Yes	Yes	Yes	Yes	Yes	Yes
IndustryD	Yes	Yes	Yes	Yes	Yes	Yes	Yes	Yes	Yes
N	2296	2296	2218	2296	2296	2218	2291	2291	2213
R^2	0.0819	0.0842	0.0860	0.0869	0.0892	0.0902	0.0966	0.0982	0.0991

注：括号中的数字为双尾检验的 t 值，所有检验的标准误差经过企业群聚效应调整。***、** 和 * 分别表示 1%、5% 和 10% 的显著性水平。

6.6　实证结论

本书研究了《考核办法》的实施对央企高管并购创新型企业的影响。笔者发现，第一，在《考核办法》实施后，央企更倾向于并购创新成果较多的企业，而且，并购完成后，目标公司在并购后的专利申请数以及并购后 3 年与并购前 3 年的差异也显著高于《考核办法》实施前。这项结果意味着，《考核办法》作为薪酬激励和晋升激励双重机制，能够激励高管通过并购这条途径提高企业创新水平。第二，央企本身的创新水平较低时，高管更倾向于并购创新型企业，不仅快速获得了目标公司能给的创新成果，也进一步发挥目标公司的创新能力来提高央企的创新水平；当业绩考核指标 EVA 水平和国有资产保值增值率较低时，高管为了向政府证明其能力，更倾向于并购具有较多创新成果的企业；当高管在任时间较长时，其距离卸任的时间越短，越不能享受创新成果带来的收益，因此，他们倾向于并购创新型公司，快速获得创新成果。第三，《考核办法》实施后，目标公司的创新水平对企业绩效的边际贡献增加，这可能是由于创新在形成一定的规模后，为企业带来有价值的垄断力量，从而为企业提供竞争优势。该结论丰富了并购与创新相关的文献，并从业绩考核办法视角为高管激励如何影响并购决策提供新的解释。

第 7 章　研究结论及政策建议

7.1　研究结论

国有企业改革至今，产权改革一直存在争议，尤其是关于民营化的争议一直没有得到解决。一种观点认为，只有民营化才能彻底解决国有企业效率问题（杨小凯，1997；张维迎，2007；张五常，2014）。另一种观点则认为，民营化不仅不能解决国企现存问题，国有企业因所有权和经营权分离而产生的激励不相容、信息不对称，以及因政策性负担导致的预算软约束，即便民营化也不能避免（林毅夫等，1997；Lin et al.，1998），甚至造成更严重的国有资产流失问题（朱红军等，2007；白云霞和吴联生，2008）。

本书选择涉及产权改革和不涉及产权改革的两个事件来澄清产权改革的争议。首先，本书研究完全民营化对企业创新的影响，从创新的角度为澄清民营化的争议提供新的视角。然后，本书研究作为国企高管激励机制的业绩考核制度是否能够促进企业创新，从而证明即使不进行民营化的产权改革，直接改革高管激励机制就可以提高企业效率。最后，在验证了业绩考核制度能够促进创新后，本书检验业绩考核制度是否激励高管并购创新水平较高的目标公司并在并购完成后进一步支持目标公司的创新，从而检验业绩考核制度促进企业创新的外部途径，从而深入剖析这种不涉及产权改革的改革方式是否具有持久的效果。

本书的主要结论如下：

本书以 2005—2011 年中国工业企业为样本，检验民营化究竟是促进还是抑制企业创新。为了有效地识别因果关系，笔者以国有企业转化为民营企业的样本为实验组，以国有企业样本为对照组，采用双重差分法，检验结果发现，民营化后企业创新水平显著下降。这可能是由于民营化后企业受到更强的融资约束。因此，笔者进一步检验了企业融资约束对民营化企业创新的影响，结果发现，融资约束显著抑制了民营化企业的创新。这个结果表明，融资约束是民营化企业创新水平下降的重要影响因素。最后，笔者按照地区金融发展水平将样本分为高低两组，结果发现，在金融发展水平较低的地区，融资约束显著抑制了民营化企业创新，而在金融发展水平较高的地区，这种抑制作用不明显。这意味着，较高的金融发展水平可以缓解融资约束对企业创新的不利影响。

然后，本书以 2009 年国资委对《中央企业负责人经营业绩考核暂行办法》的修订为自然实验，检验央企高管业绩考核制度对企业创新的作用及其经济后果。笔者以手工收集整理的 2007—2013 年所有 A 股上市公司及其子公司和联营公司的专利数据为样本，以央企样本为实验组，民企样本为对照组，采用双重差分法，检验结果发现，相对于不受该项制度影响的民营企业来说，央企的创新水平在新政策实施后显著提高。而且，此次修订的考核办法可以显著提高创新对企业价值的边际贡献。笔者还进行了一系列的稳健性检验，如以国有企业为对照组进行双重差分检验、更换创新的代理变量、剔除高管变更干扰、匹配检验等，检验结果依然保持稳健。

最后，本书研究了业绩考核制度的实施对央企高管并购创新型企业的影响。笔者发现，第一，在《考核办法》实施后，央企更倾向于并购创新成果较多的企业，而且，并购完成后，目标公司在并购后的专利申请数以及并购后 3 年与并购前 3 年的差异也显著高于《考核办法》实施前。这项结果意味着，《考核办法》作为薪酬激励和晋升激励双重机制，能够激励高管通过并购这条途径提高企业创新水平。第二，央企本身的创新水平较低时，高管更倾向于并购创新型企业，不仅快速获得了目标公司已有的创新成果，也进一步发挥目标公司的创新能力来提高央企的创新水平；当业绩考核指标 EVA 水平和国有资产保值增值率较低时，高管为了向政府证明其能力，更倾向于并购具有较多创新成果的企业；当高管在任时间较长时，其距离卸任的时间越短，越不能享受创新成果带来的收益，因此，他们倾向于并购创新型公司，快速获得创新成果。第三，《考核办法》实施后，目标公司的创新水平对企业绩效的边际贡献增加，这可能是由于创新在形成一定的规模后，为企业带来有价值的垄断力量，从而为企业提供竞争优势。

7.2 政策建议

（1）促进银行体系发展，纠正银行对民营企业的信贷歧视。本书发现，完全民营化没有促进创新，而是抑制了创新。这个结果意味着，民营化可能存在一些负面影响。虽然多数文献表明民营化提高了企业业绩，但这种业绩的改善可能是通过牺牲企业长期发展获得的。进一步检验发现，融资约束是抑制民营化企业创新的重要因素，这表明，完全民营化使国有企业的所有权性质改变为民营企业，这一方面导致企业失去了原来享有的政府优惠政策和信贷支持，另一方面由于民营的企业性质而受到信贷歧视，反而不利于企业效率的提高。因此，以民营化来改革国有企业是有条件的，即在信贷歧视尚未解决、金融环境尚未明显改善的情况下进行完全民营化，不仅不能提高企业效率，反而很有可能导致相反的结果。

（2）优化金融市场环境，提高金融发展水平。十八届三中全会中颁布的《中共中央关于全面深化改革若干重大问题的决定》，将混合所有制经济认定为“国有资本、集体资本、非公有资本等交叉持股、相互融合”的经济制度，因此，国有企业引入非国有资本的民营化是混合所有制改革的一种形式。本书发现，在金融发展水平较低的地区，融资约束显著抑制了民营化企业的创新，而在金融发展水平较高的地区，融资约束的抑制作用不明显。这意味着，金融发展有利于提高金融市场对创新投资风险的评估和识别能力，从而降低企业的创新融资成本，使融资约束对民营化企业创新的不利影响得到缓解。因此，完善我国各地区的金融环境、提高金融发展水平是混合所有制改革顺利进行的前提。

（3）制订合理的国有企业的激励制度，并严格按照制度规定来规范高管行为，引导高管提高企业效率。本书结果显示，在不改变国有企业所有权性质的情况下，仅仅改变国企高管的激励机制，就可以显著提高企业的创新水平和企业价值。这项结果意味着，民营化不是提高国有企业效率的充要条件，也许当前阶段应该搁置民营化的争议，优先改革国有企业的高管激励机制。

7.3　研究展望

（1）本书检验得出完全民营化抑制了企业创新，而且在融资约束较高的企业的抑制作用较显著。在假设提出时，笔者还提出了另外两种民营化抑制创新的机制。第一种机制是技术人员的流失。国有企业的工资水平显著高于民营企业（张车伟和薛欣欣，2008；陆正飞等，2012），这使国有企业更能吸引大量的技术人才流入。民营化后，企业获取外部资源的优势逐渐丧失，技术人员的薪酬福利可能会有所降低，这就导致技术人员离职，从而大大降低企业的创新能力。第二种机制是高管的风险规避。民营化后政府对企业的干预减少，企业的控制权可能转移到管理层手中，尤其对于以管理层收购和员工收购来完成民营化的企业。这类企业在民营化后管理层通常不会有太大变动（武常岐和韩煦，2011；Wright et al.，1993），而且管理层权力较大，容易形成内部人控制问题。此时，治理结构中的监管机制很难发挥作用。民营化企业的管理层很可能出于更安全的追求私有权收益的原因，放弃高风险但净现值为正的投资项目（Join et al.，2008），创新具有不确定性强、失败率高、耗费时间长等特点，基于风险规避的动机，民营化企业高管可能会放弃高风险的创新项目。这两种机制是否在完全民营化中影响企业创新有待进一步研究。

（2）业绩考核制度 2004 年开始实施后，每 3 年进行一次修订，2007 年、2010 年、2013 年、2016 年、2019 年都实施了新的考核办法，具体修订内容如表 7－1 所示。

表 7－1　　《考核办法》的 5 次修订概要

	实施时间	主要修改内容
第 1 次修订（国资委第 17 号令）	2007 年 1 月 1 日	（1）鼓励企业使用 EVA 指标进行考核；（2）建立与董事会试点办法配套的考核制度
第 2 次修订（国资委第 22 号令）	2010 年 1 月 1 日	（1）对央企负责人年度考核指标进行修改，将净资产收益率指标替换为 EVA 指标；（2）对考核综合得计分办法予以调整，加入奖惩计分项；（3）按照企业业绩、创新能力、管理效率和节能减排执行情况分别设立四个任期特别奖

续表

	实施时间	主要修改内容
第 3 次修订（国资委第 30 号令）	2013 年 1 月 1 日	（1）精简考核内容，完善考核指标：引入国际化经营指标，对任期考核指标进行修改，将主营业务收入平均增长率替换为总资产周转率；（2）在任期特别奖中加设“国际化经营特别奖”和“品牌建设特别奖”；（3）绩效薪酬延期比例下降，以增强考核激励效果
第 4 次修订（国资委第 33 号令）	2016 年 12 月 8 日	（1）根据《中共中央国务院关于深化国有企业改革的指导意见》对央企进行分类考核；（2）考核指标及其所占权重依分类的不同而不同；（3）资本成本率不再统一为 5.5%，而是依据企业实际情况制定
第 5 次修订（国资委第 40 号令）	2019 年 4 月 1 日	突出分类考核和差异化考核。对于混合所有制企业以及处于特殊发展阶段的企业，根据企业功能定位、改革目标和发展战略，考核指标、考核方式可以“一企一策”确定

从表中可以看出，每次业绩考核制度的修订都有较大的变动。国资委修订考核办法带有一定的导向性，如第 2 次修订强调价值管理，第 4 次修订强调目标管理，第 5 次强调分类考核，一企一策。国资委对业绩考核制度的每次修订都是为了从不同方面提高国有企业效率，而本书仅研究了第 2 次修订的实施效果，其他 4 次修订的制度的实施后果有待进一步研究。

参考文献

［1］曾庆生，陈信元．国家控股、超额雇员与劳动力成本［J］．经济研究，2006（5）：74－86．

［2］陈冬华，陈信元，万华林．国有企业中的薪酬管制与在职消费［J］．经济研究，2005（2）：92－101．

［3］陈仕华，卢昌崇．国有企业党组织的治理参与能够有效抑制并购中的“国有资产流失”吗？［J］．管理世界，2014（5）：106－120．

［4］陈爽英，井润田，龙小宁，邵云飞．民营企业家社会关系资本对研发投资决策影响的实证研究［J］．管理世界，2010（1）：88－97．

［5］陈思，何文龙，张然．风险投资与企业创新：影响和潜在机制［J］．管理世界，2017（01）：158－169．

［6］陈信元，陈冬华，万华林，梁上坤．地区差异、薪酬管制与高管腐败［J］．管理世界，2009（11）：130－143，188．

［7］程仲鸣，夏新平，余明桂．政府干预、金字塔结构与地方国有上市公司投资［J］．管理世界，2008（9）：37－47．

［8］池国华，王志，杨金．EVA 考核提升了企业价值吗？——来自中国国有上市公司的经验证据［J］．会计研究，2013（11）：60－66，96．

［9］醋卫华，李培功．媒体追捧与明星 CEO 薪酬［J］．南开管理评论，2015（1）：118－129．

［10］邓晓岚，陈栋，陈运森．专门委员会重叠与 CEO 运气薪酬：基于国有控股上市公司的证据［J］．会计研究，2015（7）：49－55，97．

［11］杜兴强，王丽华．高层管理当局薪酬与上市公司业绩的相关性实证研究［J］．会计研究，2007（1）：58－65，93．

［12］方军雄．所有制、制度环境与信贷资金配置［J］．经济研究，2007（12）：82－92．

［13］顾夏铭，陈勇民，潘士远．经济政策不确定性与创新——基于我国上

市公司的实证分析［J］. 经济研究，2018（2）：109-123.

［14］胡一帆，宋敏，张俊喜. 中国国有企业民营化绩效研究［J］. 经济研究，2006（7）：49-60.

［15］胡泽，夏新平，余明桂. 金融发展、流动性与商业信用：基于全球金融危机的实证研究［J］. 南开管理评论，2013（3）：4-15，68.

［16］黄志忠，郗群. 薪酬制度考虑外部监管了吗——来自中国上市公司的证据［J］. 南开管理评论，2009（1）：49-56.

［17］解维敏，方红星. 金融发展、融资约束与企业研发投入［J］. 金融研究，2011（5）：171-183.

［18］鞠晓生，卢荻，虞义华. 融资约束、营运资本管理与企业创新可持续性［J］. 经济研究，2013（1）：4-16.

［19］孔东民，徐茗丽，孔高文. 企业内部薪酬差距与创新［J］. 经济研究，2017（10）：144-157.

［20］李春涛，宋敏. 中国制造业企业的创新活动：所有制和CEO激励的作用［J］. 经济研究，2010（5）：55-67.

［21］李广子，刘力. 债务融资成本与民营信贷歧视［J］. 金融研究，2009（12）：137-150.

［22］李君平，徐龙炳. 资本市场错误定价、融资约束与公司融资方式选择［J］. 金融研究，2015（12）：113-129.

［23］李四海，江新峰，宋献中. 高管年龄与薪酬激励：理论路径与经验证据［J］. 中国工业经济，2015（5）：122-134.

［24］李文贵，余明桂. 所有权性质、市场化进程与企业风险承担［J］. 中国工业经济，2012（12）：115-127.

［25］李文贵，余明桂. 民营化企业的股权结构与企业创新［J］. 管理世界，2015（4）：112-125.

［26］李新春，苏琦，董文卓. 公司治理与企业家精神［J］. 经济研究，2006（2）：57-68.

［27］李延喜，包世泽，高锐，孔宪京. 薪酬激励、董事会监管与上市公司盈余管理［J］. 南开管理评论，2007（6）：55-61.

［28］连玉君，彭方平，苏治. 融资约束与流动性管理行为［J］. 金融研究，2010（10）：158-171.

［29］梁彤缨，雷鹏，陈修德. 管理层激励对企业研发效率的影响研究——来自中国工业上市公司的经验证据［J］. 管理评论，2015（5）：145－156.

［30］林大庞，苏冬蔚. 股权激励与公司业绩——基于盈余管理视角的新研究［J］. 金融研究，2011（9）：162－177.

［31］林浚清，黄祖辉，孙永祥. 高管团队内薪酬差距、公司绩效和治理结构［J］. 经济研究，2003（4）：31－40，92.

［32］林毅夫，蔡昉，李周. 论中国经济改革的渐进式道路［J］. 经济研究，1993（9）：3－11.

［33］林毅夫，刘明兴，章奇. 政策性负担与企业的预算软约束：来自中国的实证研究［J］. 管理世界，2004（8）：81－89，127－156.

［34］刘波，李志生，王泓力，杨金强. 现金流不确定性与企业创新［J］. 经济研究，2017（3）：166－180.

［35］刘春，孙亮. 薪酬差距与企业绩效：来自国企上市公司的经验证据［J］. 南开管理评论，2010（2）：30－39，51.

［36］刘凤委，李琦. 市场竞争、EVA 评价与企业过度投资［J］. 会计研究，2013（2）：54－62，95.

［37］刘凤委，孙铮，李增泉. 政府干预、行业竞争与薪酬契约——来自国有上市公司的经验证据［J］. 管理世界，2007（9）：76－84，128.

［38］刘慧龙，张敏，王亚平，吴联生. 政治关联、薪酬激励与员工配置效率［J］. 经济研究，2010（9）：109－121，136.

［39］刘小玄. 国有企业民营化的均衡模型［J］. 经济研究，2003（9）：21－31，92.

［40］刘小玄. 民营化改制对中国产业效率的效果分析——2001 年全国普查工业数据的分析［J］. 经济研究，2004（8）：16－26.

［41］刘志强，余明桂. 产品市场竞争与公司现金持有价值研究［J］. 经济问题探索，2009（2）：140－145.

［42］刘志强，余明桂. 投资者法律保护、产品市场竞争与现金股利支付力度——来自中国制造业上市公司的经验证据［J］. 管理学报，2009（8）：1090－1097，1103.

［43］卢闯，杜菲，佟岩，汤谷良. 导入 EVA 考核中央企业的公平性及其改进［J］. 中国工业经济，2010（6）：96－105.

［44］卢锐，柳建华，许宁. 内部控制、产权与高管薪酬业绩敏感性［J］. 会计研究，2011（10）：42－48，96.

［45］卢馨，郑阳飞，李建明. 融资约束对企业 R&D 投资的影响研究——来自中国高新技术上市公司的经验证据［J］. 会计研究，2013（5）：51－58，96.

［46］陆瑶，张叶青，贾睿，李健航. “辛迪加”风险投资与企业创新［J］. 金融研究，2017（6）：159－175.

［47］吕长江，赵宇恒. 国有企业管理者激励效应研究——基于管理者权力的解释［J］. 管理世界，2008（11）：99－109，188.

［48］马连福，王元芳，沈小秀. 国有企业党组织治理、冗余雇员与高管薪酬契约［J］. 管理世界，2013（5）：100－115，130.

［49］潘越，潘健平，戴亦一. 公司诉讼风险、司法地方保护主义与企业创新［J］. 经济研究，2015（3）：131－145.

［50］潘越，潘健平，戴亦一. 专利侵权诉讼与企业创新［J］. 金融研究，2016（8）：191－206.

［51］齐绍洲，张倩，王班班. 新能源企业创新的市场化激励——基于风险投资和企业专利数据的研究［J］. 中国工业经济，2017（12）：95－112.

［52］权小锋，吴世农，文芳. 管理层权力、私有收益与薪酬操纵［J］. 经济研究，2010（11）：73－87.

［53］沈红波，寇宏，张川. 金融发展、融资约束与企业投资的实证研究［J］. 中国工业经济，2010（6）：55－64.

［54］沈艺峰，李培功. 政府限薪令与国有企业高管薪酬、业绩和运气关系的研究［J］. 中国工业经济，2010（11）：130－139.

［55］苏灵，王永海，余明桂. 董事的银行背景、企业特征与债务融资［J］. 管理世界，2011（10）：176－177.

［56］汤谷良，戴璐. 国有上市公司部分民营化的经济后果——基于“武昌鱼”的案例分析［J］. 会计研究，2006（9）：48－55，96.

［57］唐建新，卢剑龙，余明桂. 银行关系、政治联系与民营企业贷款——来自中国民营上市公司的经验证据［J］. 经济评论，2011（3）：51－58，96.

［58］唐康德，夏新平，余明桂. 我国上市公司可转债融资选择的实证分析［J］. 管理学报，2006（3）：360－365.

［59］唐清泉，巫岑. 银行业结构与企业创新活动的融资约束［J］. 金融研

究，2015（7）：116－134.

［60］唐清泉，夏芸，徐欣．我国企业高管股权激励与研发投资——基于内生性视角的研究［J］．中国会计评论，2011（1）：21－42.

［61］唐松，孙铮．政治关联、高管薪酬与企业未来经营绩效［J］．管理世界，2014（5）：93－105，187－188.

［62］唐未兵，傅元海，王展祥．技术创新、技术引进与经济增长方式转变［J］．经济研究，2014（7）：31－43.

［63］唐雪松，周晓苏，马如静．政府干预、GDP增长与地方国企过度投资［J］．金融研究，2010（8）：33－48.

［64］田利辉，张伟，王冠英．新股发行：渐进式市场化改革是否可行［J］．南开管理评论，2013（2）：116－132.

［65］田轩，孟清扬．股权激励计划能促进企业创新吗［J］．南开管理评论，2018（3）：176－190.

［66］王曾，符国群，黄丹阳，汪剑锋．国有企业CEO“政治晋升”与“在职消费”关系研究［J］．管理世界，2014（5）：157－171.

［67］王红领，李稻葵，冯俊新．FDI与自主研发：基于行业数据的经验研究［J］．经济研究，2006（2）：44－56.

［68］王红建，曹瑜强，杨庆，杨筝．实体企业金融化促进还是抑制了企业创新——基于中国制造业上市公司的经验研究［J］．南开管理评论，2017（1）：155－166.

［69］王新，毛慧贞，李彦霖．经理人权力、薪酬结构与企业业绩［J］．南开管理评论，2015（1）：130－140.

［70］王永钦，李蔚，戴芸．僵尸企业如何影响了企业创新？——来自中国工业企业的证据［J］．经济研究，2018（11）：99－114.

［71］温军，冯根福．异质机构、企业性质与自主创新［J］．经济研究，2012（3）：53－64.

［72］温军，冯根福．风险投资与企业创新：“增值”与“攫取”的权衡视角［J］．经济研究，2018（2）：185－199.

［73］吴超鹏，唐菂．知识产权保护执法力度、技术创新与企业绩效——来自中国上市公司的证据［J］．经济研究，2016（11）：125－139.

［74］吴联生，林景艺，王亚平．薪酬外部公平性、股权性质与公司业绩

[J]. 管理世界，2010 (3)：117－126，188.

[75] 夏新平，邹振松，余明桂. 控制权、破产风险与我国民营公司负债行为 [J]. 管理学报，2006 (6)：683－691.

[76] 冼国明，明秀南. 海外并购与企业创新 [J]. 金融研究，2018 (8)：155－171.

[77] 辛清泉，林斌，王彦超. 政府控制、经理薪酬与资本投资 [J]. 经济研究，2007 (8)：110－122.

[78] 辛清泉，谭伟强. 市场化改革、企业业绩与国有企业经理薪酬 [J]. 经济研究，2009 (11)：68－81.

[79] 徐飞. 银行信贷与企业创新困境 [J]. 中国工业经济，2019 (1)：119－136.

[80] 严成樑. 社会资本、创新与长期经济增长 [J]. 经济研究，2012 (11)：48－60.

[81] 严鹏，夏新平，余明桂. 上市公司控股股东对资本结构影响实证研究 [J]. 武汉理工大学学报（信息与管理工程版），2006 (4)：135－139.

[82] 杨德明，赵璨. 媒体监督、媒体治理与高管薪酬 [J]. 经济研究，2012 (6)：116－126.

[83] 杨洁，夏新平，余明桂. 政策性负担、预算软约束与杠杆治理：基于中国上市公司的实证研究 [J]. 管理评论，2007 (10)：3－9，63.

[84] 杨洁，夏新平，余明桂. 金融市场化与杠杆治理效应研究 [J]. 统计与决策，2008 (18)：133－136.

[85] 杨瑞龙，王元，聂辉华. "准官员"的晋升机制：来自中国央企的证据 [J]. 管理世界，2013 (3)：23－33.

[86] 虞义华，赵奇锋，鞠晓生. 发明家高管与企业创新 [J]. 中国工业经济，2018 (3)：136－154.

[87] 余明桂，回雅甫，潘红波. 政治联系、寻租与地方政府财政补贴有效性 [J]. 经济研究，2010 (3)：65－77.

[88] 余明桂，李文贵，潘红波. 管理者过度自信与企业风险承担 [J]. 金融研究，2013 (1)：149－163.

[89] 余明桂，李文贵，潘红波. 民营化、产权保护与企业风险承担 [J]. 经济研究，2013 (9)：112－124.

［90］余明桂，潘红波．政府干预、法治、金融发展与国有企业银行贷款［J］．金融研究，2008（9）：1－22.

［91］余明桂，潘红波．金融发展、商业信用与产品市场竞争［J］．管理世界，2010（8）：117－129.

［92］余明桂，王娟．高管的银行背景、所有权性质与会计稳健性［J］．财务研究，2015（2）：68－77.

［93］袁建国，后青松，程晨．企业政治资源的诅咒效应——基于政治关联与企业技术创新的考察［J］．管理世界，2015（1）：139－155.

［94］张金鑫，王逸．会计稳健性与公司融资约束——基于两类稳健性视角的研究［J］．会计研究，2013（9）：44－50，96.

［95］张威，余明桂，严鹏华．物流类上市公司股权治理［J］．中国物流与采购，2006（18）：72－73.

［96］张维迎．产权安排与企业内部的权力斗争［J］．经济研究，2000（6）：41－50，78.

［97］张先治，李琦．基于 EVA 的业绩评价对央企过度投资行为影响的实证分析［J］．当代财经，2012（5）：119－128.

［98］张璇，刘贝贝，汪婷，李春涛．信贷寻租、融资约束与企业创新［J］．经济研究，2017（5）：161－174.

［99］张兆国，刘亚伟，杨清香．管理者任期、晋升激励与研发投资研究［J］．会计研究，2014（9）：81－88，97.

［100］赵子夜，杨庆，陈坚波．通才还是专才：CEO 的能力结构和公司创新［J］．管理世界，2018（2）：123－143.

［101］中山大学管理学院课题组，辛宇，徐莉萍，蔡祥．控股股东性质与公司治理结构安排——来自珠江三角洲地区非上市公司的经验证据［J］．管理世界，2008（6）：118－126，167.

［102］周开国，卢允之，杨海生．融资约束、创新能力与企业协同创新［J］．经济研究，2017（7）：94－108.

［103］钟昀珈，张晨宇，陈德球．国企民营化与企业创新效率：促进还是抑制？［J］．财经研究，2016（7）：4－15.

［104］朱红军，王彬，田子莘．民营化为何不能改善公司经营绩效——国光瓷业民营化的案例研究［J］．中国工业经济，2007（1）：121－128.

[105] 邹振松，夏新平，余明桂. 基于“非理性管理层假说”的行为公司金融研究述评 [J]. 华东经济管理，2006 (9)：134－139.

[106] Acharya，V. V.，R. P. Baghai，and K. V. Subramanian，2010，Labor Laws and Innovation. NBER Paper.

[107] Acharya，V. V.，R. P. Baghai，and K. V. Subramanian. 2013. Wrongful Discharge Laws and Innovation [J]. Review of Financial Studies，hht009.

[108] Acharya，V. V.，R. P. Baghai，and K. V. Subramanian. Wrongful Discharge Laws and Innovation [J]. Review of Financial Studies 2014，27 (1)：301－346.

[109] Acharya，V. V.，and K. V. Subramanian. Bankruptcy Codes and Innovation [J]. Review of financial studies. 2009，22 (12)：4949－4988.

[110] Adamou，A.，and S. Sasidharan. 2007. The Impact of R&D and Fdi on Firm Growth in Emerging－Developing Countries：Evidence from Indian Manufacturing Industries [J]. Available at SSRN 987024.

[111] Adams，R. B.，H. Almeida，and D. Ferreira. Powerful Ceos and Their Impact on Corporate Performance [J]. Review of financial studies. 2005，18 (4)：1403－1432.

[112] Adhikari，B. K.，and A. Agrawal. 2016. Religion，Gambling Attitudes and Corporate Innovation [J]. Journal of Corporate Finance.

[113] Aghion，P.，S. Bond，A. Klemm，and I. Marinescu. Technology and Financial Structure：Are Innovative Firms Different? [J]. Journal of the European Economic Association. 2004，2 (2－3)：277－288.

[114] Agrawal，A.，and R. A. Walkling. “Executive Careers and Compensation Surrounding Takeover Bids”，The Journal of Finance，1994 (49)：985－1014.

[115] Albertus，J. F. 2015. Does Foreign Tax Arbitrage Promote Innovation? Evidence from Subsidiary－Level Data [J]. Evidence from Subsidiary－Level Data (November 15，2015).

[116] Amore，M. D.，C. Schneider，and A. Žaldokas. Credit Supply and Corporate Innovation [J]. Journal of Financial Economics. 2013，109 (3)：835－855.

[117] Arouri，M.，M. Gomes，and K. Pukthuanthong. Corporate social responsibility and M&A uncertainty [J]. Journal of Corporate Finance. 2019 (56)：

176 - 198.

[118] Atanassov, J. Do Hostile Takeovers Stifle Innovation? Evidence from Antitakeover Legislation and Corporate Patenting [J]. The Journal of Finance. 2013, 68 (3): 1097 - 1131.

[119] Atanassov, J., V. K. Nanda, and A. Seru. 2007. Finance and Innovation: The Case of Publicly Traded Firms [J]. Ross School of Business Paper, 970).

[120] Ayyagari, M., and V. Maksimovic. 2007. Firm Innovation in Emerging Markets [M] (World Bank Publications).

[121] Baixauli - Soler, J. S., and G. Sanchez - Marin. Executive Compensation and Corporate Governance in Spanish Listed Firms: A Principal - Principal Perspective [J]. Review of Managerial Science. 2015, 9 (1): 115 - 140.

[122] Balsam, S., J. Boone, H. Liu, and J. Yin. 2015. The Impact of Say - on - Pay on Executive Compensation [J]. Journal of Accounting and Public Policy.

[123] Balsam, S., and S. Miharjo. The Effect of Equity Compensation on Voluntary Executive Turnover [J]. Journal of Accounting and Economics. 2007, 43 (1): 95 - 119.

[124] Barker III, V. L., and G. C. Mueller. Ceo Characteristics and Firm R&D Spending [J]. Management Science. 2002, 48 (6): 782 - 801.

[125] Beck, T., and V. Maksimovic. Financial and Legal Constraints to Firm Growth: Does Size Matter? [M] (World Bank Publications) 2002.

[126] Becker - Blease, J. R. Governance and Innovation [J]. Journal of Corporate Finance. 2011, 17 (4): 947 - 958.

[127] Bena, J., and K. Li. "Corporate Innovations and Mergers and Acquisitions", The Journal of Finance, 2014 (69): 1923 - 1960.

[128] Bencivenga, V. R., and B. D. Smith. Financial Intermediation and Endogenous Growth [J]. The Review of Economic Studies. 1991, 58 (2): 195 - 209.

[129] Bergstresser, D., and T. Philippon. Ceo Incentives and Earnings Management [J]. Journal of Financial Economics. 2006, 80 (3): 511 - 529.

[130] Bernstein, S. Does Going Public Affect Innovation? [J]. The Journal of Finance. 2015, 70 (4): 1365 - 1403.

[131] Bertrand, M., E. Duflo, and S. Mullainathan, How Much Should We

Trust Differences – in – Differences Estimates?, (National Bureau of Economic Research) 2002.

[132] Bertrand, M., and S. Mullainathan. Are Ceos Rewarded for Luck? The Ones without Principals Are [J]. Quarterly Journal of Economics, 2001: 901 – 932.

[133] Bhattacharya, U., P. – H. Hsu, X. Tian, and Y. Xu. What Affects Innovation More: Policy or Policy Uncertainty? [J]. Available at SSRN 2368587. 2014.

[134] Black, B., R. Kraakman, and A. Tarassova. Russian Privatization and Corporate Governance: What Went Wrong? [J]. Stanford Law Review, 2000: 1731 – 1808.

[135] Blanco, I., and D. Wehrheim. The Bright Side of Financial Derivatives: Options Trading and Firm Innovation [J]. 2016.

[136] Bliss, R. T., and R. J. Rosen. Ceo Compensation and Bank Mergers [J]. Journal of Financial Economics. 2001, 61 (1): 107 – 138.

[137] Bloom, N., and J. Van Reenen. Patents, Real Options and Firm Performance [J]. The Economic Journal. 2002, 112 (478): C97 – C116.

[138] Boubakri, N., J. – C. Cosset, and W. Saffar. The Role of State and Foreign Owners in Corporate Risk – Taking: Evidence from Privatization [J]. Journal of Financial Economics. 2013, 108 (3): 641 – 658.

[139] Boubakri, N., J. – C. Cosset, and W. Saffar. The Constraints on Full Privatization: International Evidence [J]. Journal of Corporate Finance. 2015.

[140] Boycko, M., A. Shleifer, and R. W. Vishny. A Theory of Privatisation [J]. The Economic Journal. 1996: 309 – 319.

[141] Brandt, L., and H. Li. Bank Discrimination in Transition Economies: Ideology, Information, or Incentives? [J]. Journal of Comparative Economics. 2003, 31 (3): 387 – 413.

[142] Brandt, L., J. Van Biesebroeck, and Y. Zhang. Creative Accounting or Creative Destruction? Firm – Level Productivity Growth in Chinese Manufacturing [J]. Journal of Development Economics. 2012, 97 (2): 339 – 351.

[143] Brav, O. Access to Capital, Capital Structure, and the Funding of the Firm [J]. The Journal of Finance. 2009, 64 (1): 263 – 308.

[144] Brick, I. E., O. Palmon, and J. K. Wald. Ceo Compensation, Director Compensation, and Firm Performance: Evidence of Cronyism? [J]. Journal of Corporate Finance. 2006, 12 (3): 403 - 423.

[145] Brown, J. R., J. A. Cookson, and R. Z. Heimer. Law and Finance Matter: Lessons from Externally Imposed Courts [J]. Review of Financial Studies, hhw030. 2016.

[146] Brown, J. R., S. M. Fazzari, and B. C. Petersen. Financing Innovation and Growth: Cash Flow, External Equity, and the 1990s R&D Boom [J]. The Journal of Finance. 2009, 64 (1): 151 - 185.

[147] Brusco, S., and F. Panunzi. "Reallocation of Corporate Resources and Managerial Incentives in Internal Capital Markets", European Economic Review, 2005 (49): 659 - 681.

[148] Burns, N., K. Minnick, and L. T. Starks. CEO Tournaments: A Cross - Country Analysis of Causes, Cultural Influences and Consequences [J]. Available at SSRN. 2261788. 2013.

[149] Chan, M. - L., C. - M. Lin, H. - Y. Liang, and M. - H. Chen. Does CEO Incentive Pay Improve Bank Performance? A Quantile Regression Analysis of Us Commercial Banks [J]. Annals of Financial Economics. 2014, 9 (2): 1440005.

[150] Cefis, E., and O. Marsili. "Crossing the Innovation Threshold through Mergers and Acquisitions", Research Policy, 2015 (44): 698 - 710.

[151] Chang, X., Y. Chen, S. Q. Wang, K. Zhang, and W. Zhang. Credit Default Swaps and Corporate Innovation [J]. Journal of Financial Economics. 2019.

[152] Chava, S., V. K. Nanda, and S. C. Xiao. Impact of Covenant Violations on Corporate R&D and Innovation [J]. Available at SSRN 2574438. 2015.

[153] Chemmanur, T. J., E. Loutskina, and X. Tian. Corporate Venture Capital, Value Creation, and Innovation [J]. Review of Financial Studies. 2014, 27 (8): 2434 - 2473.

[154] Chemmanur, T. J., and X. Tian. Do Anti - Takeover Provisions Spur Corporate Innovation?, AFA 2012 Chicago Meetings Paper. 2013.

[155] Chen, G., M. Firth, and O. Rui. Have China's Enterprise Reforms Led to Improved Efficiency and Profitability? [J]. Emerging Markets Review. 2006, 7

(1): 82-109.

[156] Chen, H., J. Z. Chen, G. J. Lobo, and Y. Wang. Association between Borrower and Lender State Ownership and Accounting Conservatism [J]. Journal of Accounting Research. 2010, 48 (5): 973-1014.

[157] Chen, J., M. Ezzamel, and Z. Cai. Managerial Power Theory, Tournament Theory, and Executive Pay in China [J]. Journal of Corporate Finance. 2011, 17 (4): 1176-1199.

[158] Chen, J., W. S. Leung, and K. P. Evans. Board Gender Diversity, Innovation and Firm Performance [J]. Available at SSRN. 2607295. 2015.

[159] Chen, S., and J. L. Dodd. Economic Value Added (Eva™): An Empirical Examination of a New Corporate Performance Measure [J]. Journal of Managerial Issues, 1997: 318-333.

[160] Chen, Y.-C., C.-H. Lee, and P.-I. Chou. Stock-Based Compensation and Earnings Management Behaviors [J]. Review of Pacific Basin Financial Markets and Policies, 18 (02): 1550008. 2015.

[161] Cheng, M., B. Lin, and M. Wei. Executive Compensation in Family Firms: The Effect of Multiple Family Members [J]. Journal of Corporate Finance. 2015 (32) 238-257.

[162] Cho, H. J., and V. Pucik. "Relationship between Innovativeness, Quality, Growth, Profitability, and Market Value", Strategic management journal, 2005 (26): 555-575.

[163] Claessens, S., and L. Laeven. Financial Development, Property Rights, and Growth [J]. The Journal of Finance. 2003, 58 (6): 2401-2436.

[164] Cleary, S. The Relationship between Firm Investment and Financial Status [J]. The Journal of Finance. 1999, 54 (2): 673-692.

[165] Coles, J. L., N. D. Daniel, and L. Naveen. Managerial Incentives and Risk-Taking [J]. Journal of Financial Economics. 2006, 79 (2): 431-468.

[166] Cook, K. A., A. M. Romi, D. Sanchez, and J. M. Sanchez. The Influence of Corporate Social Responsibility on Investment Efficiency and Innovation [J]. Available at SSRN 2616021. 2015.

[167] Core, J. E., R. W. Holthausen, and D. F. Larcker. Corporate Gov-

ernance, Chief Executive Officer Compensation, and Firm Performance [J]. Journal of Financial Economics. 1999, 51 (3): 371 -406.

[168] Cornaggia, J., Y. Mao, X. Tian, and B. Wolfe. Does Banking Competition Affect Innovation? [J]. Journal of Financial Economics. 2015, 115 (1): 189 -209.

[169] Cornett, M. M., A. J. Marcus, and H. Tehranian. Corporate Governance and Pay - for - Performance: The Impact of Earnings Management [J]. Journal of Financial Economics. 2008, 87 (2): 357 -373.

[170] Croce, M. M., T. T. Nguyen, S. Raymond, and L. Schmid. Government Debt and the Returns to Innovation [J]. Journal of Financial Economics. 2019, 132 (3): 205 -225.

[171] Cunningham, C., F. Ederer, and S. Ma. "Killer Acquisitions", Available at SSRN 3241707. 2018.

[172] Da Rin, M., and M. F. Penas. Venture Capital and Innovation Strategies [J]. Available at SSRN 2594904. 2015.

[173] Datta, S., M. Iskandar - Datta, and K. Raman. "Executive Compensation and Corporate Acquisition Decisions", The Journal of Finance, 2001 (56): 2299 -2336.

[174] Dannhauser, C. D. The Impact of Innovation: Evidence from Corporate Bond Exchange - Traded Funds [J]. Journal of Financial Economics. 2017, 125 (3): 537 -560.

[175] Dechow, P. M., and R. G. Sloan. Executive Incentives and the Horizon Problem: An Empirical Investigation [J]. Journal of Accounting and Economics. 1991, 14 (1): 51 -89.

[176] Desai, M. A., and D. Dharmapala. Corporate Tax Avoidance and High - Powered Incentives [J]. Journal of Financial Economics. 2006, 79 (1): 145 -179.

[177] Deutsch, Y., T. Keil, and T. Laamanen. "Decision Making in Acquisitions: The Effect of Outside Directors' Compensation on Acquisition Patterns", Journal of Management, 2007 (33): 30 -56.

[178] Doidge, C., G. A. Karolyi, and R. M. Stulz. Why Do Countries Matter So Much for Corporate Governance? [J]. Journal of Financial Economics. 2007,

86 (1): 1 –39.

[179] Du, F., H. D. Erkens, S. M. Young and G. Tang. How Adopting New Performance Measures Affects Subjective Performance Evaluations: Evidence from EVA Adoption by Chinese State – Owned Enterprises [J]. The Accounting Review. 2017, 93 (1).

[180] Dutta, S., and T. B. Folta. A Comparison of the Effect of Angels and Venture Capitalists on Innovation and Value Creation [J]. Journal of Business Venturing. 2016, 31 (1): 39 –54.

[181] Dyck, I. A. Privatization in Eastern Germany: Management Selection and Economic Transition [J]. The American Economic Review. 2016: 565 –597.

[182] Easterbrook, F. H., and D. R. Fischel. Close Corporations and Agency Costs [J]. Stanford Law Review, 1986: 271 –301.

[183] Edmans, A. Blockholder Trading, Market Efficiency, and Managerial Myopia [J]. The Journal of Finance. 2009, 64 (6): 2481 –2513.

[184] Efron, B., and R. J. Tibshirani. An Introduction to the Bootstrap [M] (CRC press). 1994.

[185] Entezarkheir, M., and S. Moshiri. "Mergers and Innovation: Evidence from a Panel of Us Firms", Economics of Innovation and New Technology, 2018 (27): 132 –153.

[186] Fang, V. W., X. Tian, and S. Tice. Does Stock Liquidity Enhance or Impede Firm Innovation? [J]. The Journal of Finance. 2014, 69 (5): 2085 –2125.

[187] Firk, S., S. Schrapp, and M. Wolff. "Drivers of Value Creation—the Role of Value – Based Management and Underlying Institutions", Management Accounting Research, 2016 (33): 42 –60.

[188] Francis, J., and A. Smith. Agency Costs and Innovation Some Empirical Evidence [J]. Journal of Accounting and Economics. 1995, 19 (2): 383 –409.

[189] Gallani, S. Through the Grapevine: Network Effects on the Design of Executive Compensation Contracts [J]. Available at SSRN 2536477. 2015.

[190] Garvey, G. T., and T. T. Milbourn. Asymmetric Benchmarking in Compensation: Executives Are Rewarded for Good Luck but Not Penalized for Bad [J]. Journal of Financial Economics. 2006, 82 (1): 197 –225.

[191] Gibbons, R., and K. J. Murphy. Does Executive Compensation Affect Investment? [J]. Journal of Applied Corporate Finance. 1992, 5 (2): 99 – 109.

[192] Gormley, T. A., D. A. Matsa, and T. Milbourn. Ceo Compensation and Corporate Risk: Evidence from a Natural Experiment [J]. Journal of Accounting and Economics. 2013, 56 (2): 79 – 101.

[193] Gorodnichenko, Y., J. Svejnar, and K. Terrell. Globalization and Innovation in Emerging Markets [J]. American Economic Journal: Macroeconomics, 2010: 194 – 226.

[194] Graham, J. R., C. R. Harvey, and S. Rajgopal. The Economic Implications of Corporate Financial Reporting [J]. Journal of Accounting and Economics. 2005, 40 (1): 3 – 73.

[195] Greenwood, J., and B. Jovanovic. Financial Development, Growth, and the Distribution of Income, (National Bureau of Economic Research). 1989.

[196] Grinstein, Y., and P. Hribar. "Ceo Compensation and Incentives: Evidence from M&a Bonuses", Journal of financial economics, 2004 (73): 119 – 143.

[197] Gu, Y., C. X. Mao, and X. Tian. Creditor Interventions and Firm Innovation: Evidence from Debt Covenant Violations, Available at SSRN. 2329007. 2014.

[198] Guo, L., A. Jalal, and S. Khaksari. Bank Executive Compensation Structure, Risk Taking and the Financial Crisis [J]. Review of Quantitative Finance and Accounting. 2015, 45 (3): 609 – 639.

[199] Gupta, A. K., and V. Govindarajan. Business Unit Strategy, Managerial Characteristics, and Business Unit Effectiveness at Strategy Implementation [J]. Academy of Management Journal. 1984, 27 (1): 25 – 41.

[200] Gupta, N. Partial Privatization and Firm Performance [J]. The Journal of Finance. 2005, 60 (2): 987 – 1015.

[201] Hall, B. H. The Financing of Research and Development [J]. Oxford Review of Economic Policy. 2002, 18 (1): 35 – 51.

[202] Hall, B. H., A. Jaffe, and M. Trajtenberg. "Market Value and Patent Citations", RAND Journal of economics, 2005: 16 – 38.

[203] Hanlon, M., S. Rajgopal, and T. Shevlin. Are Executive Stock Options Associated with Future Earnings? [J]. Journal of Accounting and Economics. 2003,

36 (1): 3 -43.

[204] Hansen, B. E. Threshold Effects in Non - Dynamic Panels: Estimation, Testing, and Inference [J]. Journal of Econometrics. 1999, 93 (2): 345 -368.

[205] Harford, J., and K. Li. "Decoupling Ceo Wealth and Firm Performance: The Case of Acquiring Ceos", The Journal of Finance, 2007 (62): 917 -949.

[206] Hashi, I., and N. Stoj či ć. The Impact of Innovation Activities on Firm Performance Using a Multi - Stage Model: Evidence from the Community Innovation Survey 4 [J]. Research Policy. 2013, 42 (2): 353 -366.

[207] Herrera, A. M., and R. Minetti. Informed Finance and Technological Change: Evidence from Credit Relationships [J]. Journal of Financial Economics. 2007, 83 (1): 223 -269.

[208] Hirshleifer, D., P. - H. Hsu, and D. Li. Innovative Efficiency and Stock Returns [J]. Journal of Financial Economics. 2013, 107 (3): 632 -654.

[209] Hitz, J. - M., and S. Müller - Bloch. Market Reactions to the Regulation of Executive Compensation [J]. European Accounting Review. 2015, 24 (4): 659 -684.

[210] Hölmstrom, B. Agency Costs and Innovation [J]. Journal of Economic Behavior & Organization. 1989, 12 (3): 305 -327.

[211] Hölmstrom, B. Moral Hazard and Observability [J]. The Bell Journal of Economics, 1979: 74 -91.

[212] Hombert, J., and A. Matray. Can Innovation Help Us Manufacturing Firms Escape Import Competition from China? [J]. The Journal of Finance. 2018, 73 (5): 2003 -2039.

[213] Hsiao, S. - H. Pte, Innovation Capital and Firm Value Interactions in the Biotech Medical Industry [J]. Journal of Business Research. 2014, 67 (12): 2636 -2644.

[214] Hsu, P. - H., F. Li, and T. - C. Lin. Do Innovative Firms Hold More Cash? The International Evidence [J]. Available at SSRN. 2643536. 2015.

[215] Hsu, P. - H., X. Tian, and Y. Xu. Financial Development and Innovation: Cross - Country Evidence [J]. Journal of Financial Economics. 2014, 112 (1): 116 -135.

［216］ Janakiraman, S. , S. Radhakrishnan, and A. Tsang. Institutional Investors, Managerial Ownership, and Executive Compensation ［J］. Journal of Accounting, Auditing & Finance. 2010, 25 (4): 673 –707.

［217］ Jenson, M. , and W. Meckling. Theory of the Firm: Managerial Behavior, Agency Costs and Capital Structures ［J］. Journal of Financial Economics. 1976, 3 (4): 30 –38.

［218］ Jia, N. , X. Tian, and W. Zhang. The Real Effects of Tournament Incentives: The Case of Firm Innovation ［J］. Available at SSRN. 2016.

［219］ Jiang, X. , and Q. Yuan. Institutional Investors' Corporate Site Visits and Corporate Innovation ［J］. Journal of Corporate Finance, 2018 (48): 148 –168.

［220］ Johnson, L. D. , and B. Pazderka. Firm Value and Investment in R&D ［J］. Managerial and Decision Economics. 1993, 14 (1): 15 –24.

［221］ Julio, B. , and Y. Yook. Political Uncertainty and Corporate Investment Cycles ［J］. The Journal of Finance. 2012, 67 (1): 45 –83.

［222］ Kadan, O. , and J. M. Swinkels. Stocks or Options? Moral Hazard, Firm Viability, and the Design of Compensation Contracts ［J］. Review of Financial Studies. 2008, 21 (1): 451 –482.

［223］ Kale, J. R. , E. Reis, and A. Venkateswaran. Rank – Order Tournaments and Incentive Alignment: The Effect on Firm Performance ［J］. The Journal of Finance. 2009, 64 (3): 1479 –1512.

［224］ Kaplan, S. N. , and L. Zingales. Do Financing Constraints Explain Why Investment Is Correlated with Cash Flow?, (National Bureau of Economic Research). 1995.

［225］ Kemp, R. G. M. , M. Folkeringa, J. P. De Jong, and E. F. Wubben. Innovation and Firm Performance ［M］ (EIM Business & Policy Research Zoetermeer). 2003.

［226］ King, R. G. , and R. Levine. Finance and Growth: Schumpeter Might Be Right ［J］. The Quarterly Journal of Economics, 1993: 717 –737.

［227］ Kleiman, R. T. Some New Evidence on Eva Companies ［J］. Journal of Applied Corporate Finance. 1999, 12 (2): 80 –91.

［228］ Knauer, T. , L. Silge, and F. Sommer. "The Shareholder Value Effects of Using Value – Based Performance Measures: Evidence from Acquisitions and Divestments", Management Accounting Research, 2018 (41): 43 -61.

[229] Kogan, L., D. Papanikolaou, A. Seru, and N. Stoffman. "Technological Innovation, Resource Allocation, and Growth", The Quarterly Journal of Economics, 2017 (132): 665 -712.

[230] Krusinskas, R., R. Norvaisiene, A. Lakstitiene, and S. Vaitkevicius. "Investment, Innovation and Firm Performance: Empirical Evidence from Amall Manufacturing Industries", Journal of Finance and Economics, 2015 (3): 123.

[231] Laffont, J. -J., and J. Tirole. A Theory of Incentives in Procurement and Regulation [M] (MIT press). 1993.

[232] Lamont, O., C. Polk, and J. Saaá - Requejo. Financial Constraints and Stock Returns [J]. Review of Financial Studies. 2001, 14 (2): 529 -554.

[233] Lee, K. W., B. Lev, and G. H. H. Yeo. Executive Pay Dispersion, Corporate Governance, and Firm Performance [J]. Review of Quantitative Finance and Accounting. 2008, 30 (3): 315 -338.

[234] Lehn, K., and A. K. Makhija. EVA, Accounting Profits, and CEO Turnover: An Empirical Examination, 1985 -1994 [J]. Journal of Applied Corporate Finance. 1997, 10 (2): 90 -97.

[235] Lerner, J., and J. Wulf. Innovation and Incentives: Evidence from Corporate R&D [J]. The Review of Economics and Statistics. 2007, 89 (4): 634 -644.

[236] Levine, R. Finance and Growth: Theory and Evidence [J]. Handbook of Economic Growth, 2005 (1): 865 -934.

[237] Levine, R., C. Lin, and L. Wei. Insider Trading and Innovation, (National Bureau of Economic Research). 2015.

[238] Levine, R., and S. Zervos. Stock Markets, Banks, and Economic Growth [J]. American Economic Review, 1998: 537 -558.

[239] Li, F. Managers' Self - Serving Attribution Bias and Corporate Financial Policies [J]. 2012.

[240] Lin, J. Y., F. Cai, and Z. Li. Competition, Policy Burdens, and State - Owned Enterprise Reform [J]. The American Economic Review. 1998, 88 (2): 422 -427.

[241] Malamud, S., and F. Zucchi. Liquidity, Innovation, and Endogenous

Growth [J]. Journal of Financial Economics. 2019, 132 (2): 519 -541.

[242] Mayers, D., and C. W. Smith Jr. On the Corporate Demand for Insurance, in Foundations of Insurance Economics (Springer). 1982.

[243] Megginson, W. L., R. C. Nash, and M. Randenborgh. The Financial and Operating Performance of Newly Privatized Firms: An International Empirical Analysis [J]. The Journal of Finance. 1994, 49 (2): 403 -452.

[244] Megginson, W. L., B. Ullah, and Z. Wei. State Ownership, Soft - Budget Constraints, and Cash Holdings: Evidence from China's Privatized Firms [J]. Journal of Banking & Finance, 2014 (48): 276 -291.

[245] Mehran, H. Executive Compensation Structure, Ownership, and Firm Performance [J]. Journal of Financial Economics. 1995, 38 (2): 163 -184.

[246] Michel, J. G., and D. C. Hambrick. Diversification Posture and Top Management Team Characteristics [J]. Academy of Management Journal. 1992, 35 (1): 9 -37.

[247] Minnick, K., H. Unal, and L. Yang. Pay for Performance? Ceo Compensation and Acquirer Returns in Bhcs [J]. Review of Financial Studies. 2011, 24 (2): 439 -472.

[248] Mobbs, S., and C. G. Raheja. Internal Managerial Promotions: Insider Incentives and Ceo Succession [J]. Journal of Corporate Finance. 2012, 18 (5): 1337 -1353.

[249] Morck, R., A. Shleifer, and R. W. Vishny. "Do Managerial Objectives Drive Bad Acquisitions?", The Journal of Finance, 1990 (45): 31 -48.

[250] Morse, A., V. Nanda, and A. Seru. Are Incentive Contracts Rigged by Powerful Ceos? [J]. The Journal of Finance. 2011, 66 (5): 1779 -1821.

[251] Moshirian, F., X. Tian, Z. Wang, and B. Zhang. Financial Liberalization and Innovation [J]. Kelley School of Business Research Paper, 2014 -08.

[252] Murphy, K. J. Executive Compensation [J]. Handbook of Labor Economics, 1999 (3): 2485 -2563.

[253] Myers, S. C., and N. S. Majluf. Corporate Financing and Investment Decisions When Firms Have Information That Investors Do Not Have [J]. Journal of Financial Economics. 1984, 13 (2): 187 -221.

[254] Nagar, V., K. Petroni, and D. Wolfenzon. Governance Problems in Closely Held Corporations [J]. Journal of Financial and Quantitative Analysis. 2011, 46 (4): 943 – 966.

[255] Nanda, R., and M. Rhodes – Kropf. Financing Risk and Innovation [J]. Management Science (Forthcoming). 2014.

[256] Newton, D., and M. Simutin. Of Age, Sex, and Money: Insights from Corporate Officer Compensation on the Wage Inequality between Genders [J]. Management Science. 2014, 61 (10): 2355 – 2375.

[257] Ntim, C. G., S. Lindop, K. A. Osei, and D. A. Thomas. Executive Compensation, Corporate Governance and Corporate Performance: A Simultaneous Equation Approach [J]. Managerial and Decision Economics. 2015, 36 (2): 67 – 96.

[258] O'Hanlon, J., and K. Peasnell. Wall Street's Contribution to Management Accounting: The Stern Stewart EVA Financial Management System [J]. Management Accounting Research. 1998, 9 (4): 421 – 444.

[259] Obstfeld, M. Risk – Taking, Global Diversification, and Growth, (National Bureau of Economic Research). 1992.

[260] Pascali, L. Banks and Development: Jewish Communities in the Italian Renaissance and Current Economic Performance [J]. Review of Economics and Statistics. 2016, 98 (1): 140 – 158.

[261] Pathan, S., P. H. Wong, and K. L. Benson. How Do 'Busy' and 'Overlap' directors Relate to CEO Pay Structure and Incentives? [J]. Available at SSRN 2517833. 2014.

[262] Perry, T., and M. Zenner. Pay for Performance? Government Regulation and the Structure of Compensation Contracts [J]. Journal of Financial Economics. 2001, 62 (3): 453 – 488.

[263] Peters, B., M. J. Roberts, and V. A. Vuong. "Dynamic R&D Choice and the Impact of the Firm's Financial Strength", Economics of innovation and new technology, 2017 (26): 134 – 149.

[264] Phillips, G. M., and A. Zhdanov. "R&D and the Incentives from Merger and Acquisition Activity", The Review of Financial Studies, 2013 (26): 34 – 78.

[265] Porta, R. L., and F. Lopez – de – Silane. The Benefits of Privatization:

Evidence from Mexico, (National Bureau of Economic Research). 1997.

[266] Qian, Y. A Theory of Shortage in Socialist Economies Based on the "Soft Budget Constraint" [J]. The American Economic Review, 1994: 145 - 156.

[267] Rajan, R. G., and L. Zingales. Financial Dependence and Growth, (National Bureau of Economic Research). 1996.

[268] Rappaport, A. Creating Shareholder Value: A Guide for Managers and Investors, Simon and Schuster. 1999.

[269] Rekker, S. A., K. L. Benson, and R. W. Faff. Corporate Social Responsibility and CEO Compensation Revisited: Do Disaggregation, Market Stress, Gender Matter? [J]. Journal of Economics and Business, 2014 (72): 84 - 103.

[270] Rhodes - Kropf, M., and D. T. Robinson. "The Market for Mergers and the Boundaries of the Firm", The Journal of Finance, 2008 (63): 1169 - 1211.

[271] Robinson, D. T. "Strategic Alliances and the Boundaries of the Firm", The Review of Financial Studies, 2008 (21): 649 - 681.

[272] Romero - Martínez, A. M., Z. Fernández - Rodríguez, and E. Vázquez - Inchausti. Exploring Corporate Entrepreneurship in Privatized Firms [J]. Journal of World Business. 2010, 45 (1): 2 - 8.

[273] Ryan Jr, H. E., and R. A. Wiggins III. The Interactions between R&D Investment Decisions and Compensation Policy [J]. Financial Management, 2002: 5 - 29.

[274] Sanders, W. G., and D. C. Hambrick. Swinging for the Fences: The Effects of CEO Stock Options on Company Risk Taking and Performance [J]. Academy of Management Journal. 2007, 50 (5): 1055 - 1078.

[275] Saunders, A., and S. Steffen. The Costs of Being Private: Evidence from the Loan Market [J]. Review of Financial Studies. 2011, 24 (12): 4091 - 4122.

[276] Schroth, J. S. Managerial Compensation and Stock Price Manipulation [J]. Available at SSRN 2232923. 2015.

[277] Sena, V., M. Duygun, G. Lubrano, M. Marra, and M. Shaban. Board Independence, Corruption and Innovation. Some Evidence on Uk Subsidiaries [J]. Journal of Corporate Finance, 2018 (50): 22 - 43.

[278] Seru, A. "Firm Boundaries Matter: Evidence from Conglomerates and R&D Activity", Journal of Financial Economics, 2014 (111): 381 - 405.

[279] Sevilir, M., and X. Tian. "Acquiring Innovation". 2012.

[280] Shen, Y., L. Zou, and D. Chen. Does EVA Performance Evaluation Improve the Value of Cash Holdings? Evidence from China [J]. China Journal of Accounting Research. 2015.

[281] Shleifer, A., and R. W. Vishny. Politicians and Firms [J]. The Quarterly Journal of Economics, 1994: 995 - 1025.

[282] Solow, R. M. Technical Change and the Aggregate Production Function [J]. The Review of Economics and Statistics, 1957: 312 - 320.

[283] Sun, Q., and W. H. Tong. China Share Issue Privatization: The Extent of Its Success [J]. Journal of Financial Economics. 2003, 70 (2): 183 - 222.

[284] Tan, Y., X. Tian, X. Zhang, and H. Zhao. The Real Effects of Privatization: Evidence from China's Split Share Structure Reform [J]. Kelley School of Business Research Paper, 2015: 2014 - 33.

[285] Tian, X., and T. Y. Wang. Tolerance for Failure and Corporate Innovation [J]. Review of Financial Studies. 2014, 27 (1): 211 - 255.

[286] Wu, J., and R. Tu. CEO Stock Option Pay and R&D Spending: A Behavioral Agency Explanation [J]. Journal of Business Research. 2007, 60 (5): 482 - 492.

[287] Wallace, J. S. "Adopting Residual Income - Based Compensation Plans: Do You Get What You Pay For?", Journal of Accounting and Economics, 1997 (24): 275 - 300.

[288] Xiao, S., and S. Zhao. Financial Development, Government Ownership of Banks and Firm Innovation [J]. Journal of International Money and Finance. 2012, 31 (4): 880 - 906.

[289] Zhao, J. "Entrenchment or Incentive? Ceo Employment Contracts and Acquisition Decisions", Journal of Corporate Finance, 2013 (22): 124 - 152.

[290] Zheng, Y. Heterogeneous Institutional Investors and CEO Compensation [J]. Review of Quantitative Finance and Accounting. 2010, 35 (1): 21 - 46.

[291] Zou, H., S. Zeng, H. Lin, and X. Xie. Top Executives' Compensation, Industrial Competition, and Corporate Environmental Performance: Evidence from China [J]. Management Decision. 2015, 53 (9): 2036 - 2059.

后　记

在即将完成专著之时，心情十分激动，一路走来，有耐心教导的导师，有默默支持的家人，有相互鼓励的同学。这本专著，承载了你们太多的关心、帮助和鼓励，感激之情无语言表，借此机会，向你们致以我最诚挚的谢意！

衷心感谢的是我的导师余明桂教授！余老师治学严谨、认真负责，我的每篇本书都有老师细心的修改、悉心的指导以及不断地鼓励。余老师的思维开阔，文章逻辑缜密、行云流水，最重要的是，余老师毫无保留地将他的学术方法和心得传授给我，授之以鱼不如授之以渔，余老师的无私让我受益良多。千言万语都无法表达学生对您的感激之情，唯有铭记于心，不断努力前行，不负老师盛名！

专著的完成离不开父母的支持与付出，谢谢爸妈给予我的鼓励和理解，让我心无旁骛的完成这本专著。最后，还要感谢我的同学和朋友，你们的陪伴与关心，让我的学业生涯变得流光溢彩。

钟慧洁

2019 年 6 月